AF465533

massacra les soldats qui s'étaient rendus prisonniers. Il couvrit la France d'échafauds : en peu de tems, furent égorgées, par ses ordres, quatre mille personnes. On roua les unes, on pendit les autres. Ce monstre ferma enfin les yeux à la lumière. Il mourut de sa mort naturelle. Dans ce peuple lâche et abruti, il ne s'était trouvé nul homme, assez courageux, pour punir ce tyran, et abréger son homicide carrière.

Charles VIII, commença son règne, par attaquer injustement le duc de Bretagne. Il ruina son pays, égorgea ses officiers, lui ravit ses états ; et après l'avoir fait descendre au tombeau, il força la fille de ce prince à l'épouser quoiqu'elle fût déjà l'épouse de l'empereur Maximilien.

Il mourut sans postérité. Louis d'Orléans, son proche parent, devint roi de France, sous le nom de Louis XII. Il fut surnommé le *Père du Peuple*. Le père du Peuple, si je ne me trompe, est avare de son sang, économe de sa fortune, attentif à ses besoins ; il conserve ses droits, ses privilèges, ceux, sur tout, dont le but est de le préserver de l'arbitraire ; tous ses moyens, toutes ses pensées, il les dirige au bonheur du

LE CODE
DU BONHEUR SOCIAL,
OU
LES MYSTÈRES DE LA POLITIQUE
MIS A LA PORTÉE DE TOUT LE MONDE.

LE CODE
DU BONHEUR SOCIAL,
OU
LES MYSTÈRES DE LA POLITIQUE,
MIS A LA PORTÉE DE TOUT LE MONDE,

OUVRAGE Élémentaire et Méthodique, nécessaire à tous les Citoyens.

DÉDIÉ aux Républiques Francaise, Batave et Cisalpine, et aux hommes honnêtes de quelqu'opinion qu'ils soient.

Nec Cesar, nec Marius, nec Sylla.

PAR le Citoyen DUTASTA-LASERRE, Docteur en Médecine de la Faculté de Montpellier, Médecin des Armées de la République Française, ex-Agent National de la Commune de Bordeaux.

A PARIS,
CHEZ tous les Marchands de Nouveautés.

An VI de la République Française.

TABLE
DES MATIÈRES
Contenues dans ce premier Volume.

Fin de la Table du premier volume.

ERRATA.

Page 42, ligne 18, fils, *lisez* cousin; p. 43, lig. 1, Stralsund, *lisez* Frederickshall; pag. 67, ligne 19, relius, *lisez* Clélius; pag. 111, lig. 19, soutenir, *lisez* soulever; page 126, lig. 7, suppliée, *lisez* supplice; page 158, ligne 25, cent, *lisez* cinq; page 178, ligne 7, que, *lisez* qui; pag. 216, lig. 18, et, *lisez* est; pag. 220, lig. 26, égorgeaient, *lisez* égorgent 900 de ces malheureux; p. 222, lig. 11, *lisez* leur cœur.

AVANT-PROPOS.

Les écrivains, qui, les premiers, ont osé proclamer, en France, les principes de la liberté, ne se doutaient guères qu'ils devenaient les précepteurs du Peuple, et le conduisaient à la République. Aussi leurs écrits ne nous offrent que des vérités fondamantales, et les principes spéculatifs du Code Social. *D'un pinceau hardi, ils traçaient à nos yeux les charmes de la Liberté; mais ils ne nous montraient pas les dangers qui l'accompagnent. Leurs écrits, bons pour les philosophes, sont à-peu-près inutiles pour la multitude. Il nous manque un* Traité Pratique du Code Politique, *un Traité qui serve de règle de conduite aux gouvernans comme aux gouvernés, leur rende évidentes les vérités les plus abstraites, et leur trace la route qu'ils ont à suivre.*

C'est faute d'un ouvrage en ce genre que les Français marchent au hasard depuis sept ans, toujours dupes des factieux qui les égarent, prenant pour la liberté, tantôt le despotisme aristocratique, tantôt le despotisme populaire, ou l'anarchie réactionnaire; que les législateurs et les magistrats vont d'erremens en erremens, et détachent, chaque jour, une pierre de l'édifice politique.

L'on a voulu la République, et on ne connaît pas les moyens de la consolider. La plupart des députés transportés, tout-à-coup, dans le sénat Français, comme sur un sol qui leur est étranger, ne savent où prendre le fanal pour s'éclairer. Leur ignorance les rend le jouet de quelques meneurs ambitieux et cupides. Ils sapent la République en croyant l'affermir. Les gouvernans inhabiles à manier les rênes de l'état, ou les resserrent trop, ou les laissent flotter au hasard; et le peuple écrasé, dépourvu de principes, même dans la classe la plus riche, se divise en différentes factions, dont, l'une croit voir le terme des malheurs dans le rétablissement du trône, l'autre dans le gouvernement olygarchique, et une troisième dans le despotisme populaire.

Il serait donc nécessaire de présenter au Peuple Français, comme à tous ceux qui veulent être libres, un ouvrage élémentaire et méthodique, où la force du raisonnement fût unie à la clarté du style, de manière à convaincre, à persuader les hommes les moins érudits, à leur rendre faciles les vérités les plus cachées de la politique, en sorte que l'ouvrier, que tous les Français, en un mot, pussent devenir hommes d'état. Ce dessein, qui, à la première idée, paraît impossible à exécuter, ne l'est cependant pas. Cet ouvrage remplit ce but important.

Il est divisé en trois parties. DANS LA PREMIÈRE *se déroule aux yeux du lecteur, le tableau des différentes révolutions du monde politique. On voit comment se sont formées les premières sociétés, les premiers gouvernemens, les changemens successifs qu'elles ont éprouvés, les differentes formes qu'elles ont subies, les* CAUSES DE CES MUTATIONS, *le vice ou l'avantage des monarchies et des diverses sortes de République, ce qu'on doit penser du despotisme monarchique, aristocratique, démocratique et conventionnel.*

LA SECONDE PARTIE *fait connaître quelle est la base du contrat social, le fondement de toute société politique; tous les Législateurs l'ont méconnue; de-là les erreurs dangereuses qu'ils ont mêlées à leurs plus sublimes conceptions. De cette base, dont l'Auteur montre que le principe est dans le cœur humain, se déduisent toutes les vérités* conservatrices de l'ordre social, *et dont la connaissance est essentielle aux gouvernans, ainsi qu'aux gouvernés, pour régulariser leurs pensées et leur conduite. C'est l'ignorance de ces vérités, c'est la fausse manière de les concevoir qui a rendu presque tous les Français, victimes d'une révolution qui eût dû faire la prospérité de la France.*

DANS LA TROISIÈME PARTIE *on enseigne à organiser le gouvernement, à en diriger le mouvement, pour qu'il soit favorable à la Liberté, à la justice, aux droits de chaque citoyen, terrible aux méchans et propice aux bons; pour assurer une police vigilante, mettre l'économie dans les finances, et balancer tous les pouvoirs, de manière que la surveillance, qui doit les contenir, ne puisse nuire à leur action. On y apprend l'art difficile de consolider le gouvernement, de le faire aimer sans mollesse, de le faire craindre sans terreur.*

Amis de l'ordre, de l'humanité et de la justice, qui n'avez besoin que d'instruction, c'est, surtout, pour vous que cet ouvrage est composé. Il ne suffit pas de vouloir le bien de ses semblables, il faut connaître encore les moyens de le faire. Avec les intentions les plus pures on devient dangereux, si l'on n'est éclairé du flambeau de l'instruction. PEUPLES RÉPUBLICAINS, *je vous présente un fanal nécessaire pour marcher avec sécurité dans la carrière épineuse de la Liberté.*

Si le despotisme a ses dangers, la Liberté a aussi les siens; elle ne marche qu'escortée des factions qui cherchent à l'étouffer, dont la torche funéraire sème par-tout les ruines et le désespoir. Je vous apprends à les connaître, à vous en préserver. Hommes de tous les partis, pauvres ou riches, si vous êtes de bonne foi, faites votre étude particulière de ce Code, *il est nécessaire à votre bonheur.*

Et vous, que ces Peuples ont honorés de leur choix pour tenir les rênes du Gouvernement, Représentans, Directeurs, vos fonctions sont augustes, mais qu'elles sont difficiles, et quelle terrible responsabilité pèse sur vos têtes! Le bonheur ou le malheur d'une grande partie de l'Europe est en dépôt dans vos mains. C'est à vous à réparer les maux qu'ont faits à la nature humaine, sur le sol dont la surveillance vous est confiée, mille ans de tyrannie monarchique et nobiliaire; c'est à vous à faire oublier, par un gouvernement sage, ferme et juste, les malheurs inséparables des révolutions, et dont est toujours semé le passage terrible du despotisme à la liberté, comme celui de la liberté au despotisme. Le trône des rois, et sur tout, des prêtres, ne s'écroule jamais sans un fracas affreux; les éclats qui s'en détachent, font au corps social des plaies profondes, que doivent s'empresser de fermer ceux qui gouvernent, pour peu qu'ils aient à cœur le bien être de leurs concitoyens. Négliger de remplir ce devoir sacré, est un crime irrémissible, qui appelle sur leur tête la vengeance publique et individuelle. Car, en trompant l'attente de la Nation, ils aggravent le sort de chaque individu, et deviennent la cause de la misère générale, source des larmes, du désespoir des particuliers, et de tous les maux individuels qui en dérivent. La lecture réfléchie du Code du Bonheur social, *ne vous sera pas infructueuse. Vous y verrez les fonctions que vous êtes tenus de remplir, et comment y réussir.*

LE CODE

DU BONHEUR SOCIAL,

OU

LES MYSTÈRES DE LA POLITIQUE,

MIS A LA PORTÉE DE TOUT LE MONDE,

Ouvrage Élémentaire et Méthodique, nécessaire à tous les Citoyens.

LORSQUE les peuples, long-tems esclaves, sentent enfin la nécessité de ressaisir leurs droits, pour cicatriser les plaies de l'état, leurs efforts n'aboutissent, leplus souvent, qu'à alléger momentanément leur état de souffrance. Ont-ils brisé à moitié le sceptre de fer avec lequel on les gouverne, la faiblesse de leur vue ne leur permet pas d'aller au-delà, ils s'arrêtent, fatigués des mouvemens violents qui les ont agités. Ils croient avoir tout fait; mais bientôt le despote adroit soude le sceptre qu'on laisse dans ses mains, et devient aussi absolu qu'auparavant. Ont-ils le courage de continuer la tourmente, de supporter toutes les privations, toutes les calamités inséparables des grandes révolutions? Le trône de leur oppresseur s'écroule à la vérité, au fracas terrible des chaînes qu'ils brisent; mais faute de savoir où s'arrêter, de connaître les entreprises de l'artificieuse ambition, ils passent sous un nouveau joug; ils n'ont fait que changer de maître.

Vainement un peuple devenu libre, espère fixer aumilieu de lui, les sources du bien-être? Vainement se flatte-t-il de trouver la garantie et la jouissance des droits de chaque citoyen, à l'ombre des lois protectrices. Le bonheur comme une ombre légère, échappe sans cesse à ses embrassemens. Flottant au gré des passions de ceux qui le gouvernent, il devient le jouet de leur cupidité. Entraîné par les partis opposés, il croit s'élancer vers l'objet de ses espérances, obtenir le prix de son sang, de ses travaux et de ses peines, alors qu'il ne marche que sous la bannière de l'intrigue vers une nouvelle tyrannie; il combat, tantôt pour Pompée, tantôt pour César, et jamais pour lui-même. S'il n'est plus vexé par un roi et ses agens, il l'est par des tribuns, des sénats, des proconsuls, des fonctionnaires dévoués aux différents partis ; la verge de fer, dont on le déchirait, ne fait que changer de main. A la paix des tombeaux, que donne le despotisme, succède le fracas des factions ; la patrie près de sa ruine leur présente envain la branche de l'olivier, la vengeance la repousse sous de spécieux prétextes. Le crime succède au crime ; ou bien elle ne produit qu'un calme trompeur, et le ciprès funèbre ne tarde pas à l'ombrager.

Faut-il donc renoncer à être libre? Faut-il répudier la Liberté, quand elle commence à nous sourire, et regarder comme inutile tous les efforts que l'on fait pour l'acquérir? Non, sans doute ! Mais quelle boussole montrer au Peuple pour lui indiquer sa route? Quel ancre jeter pour fixer le vaisseau de l'Etat au milieu de la tourmente? l'instruction, je n'en vois pas d'autre. Je sais qu'une Constitution bien ordonnée, est un rempart à la liberté publique; mais faut-il, au moins, la bien ordonner. Quelque bonne qu'elle soit, elle aura toujours ses vices, qui, à la longue, en causeront la ruine. Il faut donc s'instruire pour les apprécier, et les corriger. Il ne faut pas ignorer comment l'ambitieux dispose les ressorts secrets de son intrigue pour parvenir à ses fins, et comment on déjoue ses projets. Qu'importe, d'ailleurs, qu'on ait jeté solidement les fondemens d'un gouvernement, si le reste de l'édifice politique n'y correspond exactement, et n'assure une garantie certaine; si les individus chargés du soin de veiller à la sûreté de tous, peuvent y porter atteinte impunément.

Peuple, qui as le courage de secouer les fers dont te charge la tyrannie, tu les briseras avec de l'audace; mais si tu n'apprends à te conduire dans la carrière difficile où tu veux entrer, à connaître tes défauts, à régler tes penchans, à lire dans les replis tortueux du coeur humain, saches que l'ambitieux, que l'intrigant, que l'homme cupide, sont là qui t'épient. Je les vois te sourire, te caresser, exalter ton courage, capter ta confiance, te pousser dans le piège qu'ils ont tendu sous tes pas. Tu t'en apperçois, enfin, quand il n'est plus tems. A ton réveil tu es enlacé dans les filets de nouveaux maitres, et tes mains sont chargées de chaînes, quelquefois plus pesantes encore.

Pour s'endormir dans les bras du despotisme, nul besoin, je le sais, de connaître les principes sur lesquels repose la Liberté des hommes. L'ignorance cimente le trône des tyrans. Leur pouvoir se fonde sur l'abrutissement de l'esprit humain ; mais pour acquérir la liberté, et ce qui est plus difficile encore, la conserver, il faut marcher sans cesse à la lueur de l'instruction. Les despotes eux-mêmes, pour leur propre intérêt, ne sauraient s'en passer. Il leur est essentiel de bien gouverner pour éviter les soulèvemens, et attacher leurs sujets au maintien de leur puissance. Ils ne le peuvent, s'ils ne s'instruisent dans la science du gouvernement A plus forte raison est-elle nécessaire aux chefs des nations libres. Ils ont à sauver leur responsabilité, à se préserver de la haine des citoyens. Leur sauve-garde est dans l'amour qu'ils inspirent, et dans le bien qu'ils font. Ils ont à contenter des esprits inquiets, turbulens, qui sont et doivent être tels, par cela seul qu'ils aiment la Liberté. Ils ont à contenir des hommes courageux et audacieux, faciles à égarer, toujours prêts à se soulever, qui disposent de leur sort; et il faut les contenir, sans blesser les lois, sans actes tyranniques. Ils ne peuvent y parvenir, s'ils n'ont médité sur le coeur humain, pour en sonder la profondeur, s'ils n'ont mesuré l'esprit de la multitude, connu ses passions et ses vues, ainsi que ses besoins; les intrigues dont on circonvient les puissans pour les tromper; la marche qu'ils ont à suivre pour faire le bonheur des gouvernés.

Tel est donc le triple but que je me propose; éclairer les gouvernés sur leurs droits et les gouvernans sur leurs devoirs; montrer aux uns comment ils les perdent, aux autres comment ils s'en écartent; enfin, apprendre à tous la règle qu'ils ont à suivre. Lecteurs, c'est à vous de juger si j'ai rempli mon plan. Lisez, lisez attentivement, mais dégagés de tout préjugé, de tout esprit de parti. Autrement, vous seriez incompétent pour prononcer. Votre jugement ne porterait qu'à faux. Dans un ouvrage où tout se lie, où les propositions s'enchaînent les unes aux autres, on ne découvre la vérité des dernières, qu'en se rappelant de toutes celles qui ont précédé; et ce n'est pas le fruit d'une lecture irréfléchie. La vérité se laisse aussi rarement appercevoir à l'esprit de parti, et le préjugé la tue. Le prisme de la passion ne laisse jamais voir les objets comme ils sont. Hommes passionnés, esprits inattentifs, je vous recuse; vous ne pouvez juger cet Ouvrage.

PREMIÈRE PARTIE.

TITRE PREMIER.

CHAPITRE PREMIER.

De la nécessité des Sociétés politiques.

Le besoin de se communiquer est fortement empreint dans le coeur humain. Ce doux penchant, et encore plus la faiblesse de ses moyens, soit pour se défendre, soit pour se procurer des jouissances, rend indispensable à l'homme la société de ses semblables. Tous les êtres organisés, répandus isolément sur la surface du globe; forcés d'obéir aux lois, selon lesquelles l'auteur de toutes choses les a constitués, parcourent le cercle de leur durée et de leur perfection, sans s'en écarter jamais. Ils trouvent dans les limites qui circonscrivent leur nature, tout ce qui leur est essentiel d'obtenir, et toute la plénitude de leur existence dans l'application entière des facultés dont ils sont doués. L'homme vivant isolément, ne parvient pas à jouir de la plénitude de sa nature; ses facultés restent presque sans développement. C'est la société, qui, en les exerçant de mille manières différentes, sur un ensemble des connaissances acquises par une expérience mutuelle et des lumières réciproques, les porte au dégré de perfection dont elles sont susceptibles. Elle seule empruntant, de tous les côtés, des secours en tout genre, fournit à tous ses besoins, et varie ses jouissances.

Les maux qu'elle produit, sont à côté des biens qu'elle nous donne. On crut y trouver la tranquillité, la garantie de sa vie, de sa liberté, de sa propriété, le bonheur, l'objet de toutes les sollicitudes de l'homme; vaine espérance! illusion trompeuse! on n'y trouva, presque toujours, que l'esclavage, et la source de tous les maux. Pour un peuple à qui la société n'a pas été fatale, que d'autres, sur la scène du monde, n'ont présenté que le spectacle affreux des calamités qu'enfantent la tyrannie, la corruption et l'anarchie. Est-ce à dire qu'il faille y renoncer? préférer la vie du sauvage errant dans les forêts? abjurer l'exercice de ses facultés intellectuelles? se contenter pour nourriture des fruits cueillis de quelques arbres venus au hasard, de la chair mal-apprêtée de quelques animaux, et se désaltérer dans l'eau pure d'un ruisseau? Non, certes; car les maux que nous fait la société ne viennent que de nous. Si notre espérance, sans cesse déçue, nous montre le bonheur toujours fuyant devant nous, et laissant, sur ses traces, le chagrin, la misère, l'injustice, l'oppression, le désespoir, ne nous en prenons qu'à nous-mêmes, à notre ignorance, à nos propres vices. Quand l'ami sincère de l'humanité, dans le coeur duquel la nature ou l'éducation, ont gravé en traits de feu, l'horreur de l'injustice, et le desir du bonheur des hommes, arrête ses regards sur les pages de l'histoire, par-tout ensanglantées; quand il apperçoit dans tous les gouvernemens, quelque soit leur forme, l'innocence opprimée, le méchant triomphant, l'iniquité prospérant, la fureur des partis régner et se succéder dans les Républiques, la violence, la haine, d'implacables vengeances y prendre la place de la justice; et l'intérêt public et la loi, n'être que le manteau sous lequel un ennemi se cache pour immoler son ennemi; quand il voit les peuples écrasés dans les monarchies sous un sceptre de fer, avilis, persécutés, par le monarque et ses protégés; alors agité d'un sentiment douloureux, il ne voit de sûreté que dans la solitude des forêts; la société des lions et des tigres, lui paraît moins funeste que celle des hommes. Il s'y élance tout entier pour échapper à la tyrannie des gouvernemens; et s'écrie, comme l'immortel Rousseau, dans l'élan de son indignation : que l'homme n'est pas né pour vivre en société. Fausse maxime, qu'excuse le sentiment qui l'a dictée. Ce n'est pas la première fois que la colère de la vertu, a arraché du coeur des hommes sensibles des expressions dangereuses.

Les hommes sont donc nés pour vivre en société; et c'est le besoin qui les unit.

CHAPITRE II.

Des premières associations.

LES hommes, dans les premiers siècles, n'eurent que peu de besoins faciles à satisfaire. Ils ne connaissaient que la plus entière indépendance, les uns à l'égard des autres, à l'exception de la dépendance du fils au père, établie par la nature même, et qui cessait, quand celui-là devenait le chef d'une nouvelle famille, ou qu'en état de se passer du secours de ses parens, quelques circons-

tances

tances l'obligeait de s'établir ailleurs. La population devenant plus considérable, les fruits de l'été et de l'automne, la pêche, la chasse, ne fournissant pas à raison du nombre des consommateurs, on ouvrit le sein de la terre pour la féconder davantage, et varier ses productions. Bientôt, chaque famille, chaque individu, afin de s'assurer la récolte, fruit de ses sueurs, se fixa aux environs de la terre qu'il cultivait. Ainsi naquit la propriété territoriale; mais l'idée de la propriété devait exister long-tems auparavant, quoiqu'en disent certains publicistes. En effet, celui qui montait sur un arbre pour en détacher les fruits, prenait du gibier à la course, ou le tuait à la flèche, pêchait le poisson, et élevait une cabane de feuillage ou de chaume pour s'y loger, comprenait que ces choses lui appartenaient, comme le produit de ses peines; qu'il avait le droit d'en disposer, et d'empêcher qu'on les lui enleva. Voilà l'idée de la propriété, qui, s'appliquant ensuite à la possession d'une certaine quantité de terrein, enfanta celle de la propriété territoriale.

CHAPITRE III.

Comment elles se sont données des chefs.

DE ces premiers habitans, les uns, transportés sur un territoire fertile, sous l'influence d'un climat où ils se plurent, y fixèrent leur séjour, les autres, jettés sur des terreins arides, sous l'influence d'un ciel peu propre à les fixer, erraient de contrée en contrée, ne vivant que de la chasse et de la pêche, et cherchant les lieux où ils pussent se dédommager de l'infertilité du terroir. Tous sentirent la nécessité de former des associations de plusieurs familles, et de renoncer à l'indépendance, pour se donner des chefs; car avec les besoins, était née la cupidité. Un champ de bonne culture, une pêche abondante, une chasse heureuse, devenaient des objets d'envie pour des voisins moins fortunés, ou dont la surcharge de la famille, exigeait une consommation plus grande que l'acquisition. De là des querelles, des dissentions, que l'on terminait d'abord par la force. L'inconvénient de la force fit recourir à des arbitres, pour vuider les différens entre les individus, à des chefs, pour se défendre des attaques des associations voisines. Les peuplades qui menaient une vie vagabonde, courant de pays en pays, durent les premiers se donner des chefs, parce qu'il fallait un guide pour diriger la marche, un commandant pour donner des ordres à sa troupe, afin de la prémunir contre les dangers fréquens auxquels ses courses l'exposaient; mais toujours errantes, uniquement occupées à se procurer les choses de première nécessité, elles durent rester très-long-tems dans cet état appelé sauvage, et se civiliser très-tard. Nous voyons, en effet, adonnés encore à la vie sauvage, les hommes qui errent dans les forêts, occupés, sous un ou plusieurs chefs, à tirer leur nourriture de la pêche et de la chasse. Les peuples les plus enfoncés dans le nord, sont les moins civilisés de tous ceux de l'Europe. Aussi vivent-ils sous un ciel rigoureux, dont le froid excessif borne leurs moyens d'existence à la chasse et à la pêche, circonscrit chaque peuplade, chaque individu, dans une sphère étroite, et fait à leur égard le même effet que s'ils habitaient un terrein aride, ou menaient une vie errante.

Les associations qui se sont fixées dans une contrée fertile, sous une température heureuse, où elles ont trouvé abondamment à subsister, ont eu du tems de reste pour exercer leur imagination, se créer de nouveaux besoins, inventer les moyens de les satisfaire; d'oú s'en est suivie la nécessité de se communiquer souvent, de s'aider mutuellement, d'avoir des égards réciproques. Se touchant par tant de points de contact, leurs intérêts, variés de mille manières, ont été fréquemment en opposition; les querelles plus fréquentes, des dissentions multipliées, ont exigé un plus grand nombre de magistrats, un corps de lois qui embrassa tous les sujets de prétention. Voilà l'état de civilisation, à laquelle celles-ci ont été plus promptement soumises.

CHAPITRE IV.

Ce qu'étaient les chefs dans le principe.

DABORD ils ne furent que temporaires. Une petite peuplade était-elle menacée par une autre, et fallait-il vuider les différens par la force? on nommait un chef, chargé de commander la troupe qui prenait les armes; le choix se portait sur celui que l'on jugeait le plus capable, soit à raison de sa force, de son courage, ou de ses lumières. Cette petite guerre terminée, chacun rentrait dans ses foyers, et reprenait ses premières occupations. Avait-on un voyage à entreprendre? on élisait un conducteur; arrivé au terme du voyage, chaque individu, chaque famille rentrait dans sa première indépendance, et se gouvernait comme elle l'entendait. Il repugne au cœur de l'homme de se soumettre à l'autorité d'autrui; chacun veut dépendre de soi autant qu'il le peut, et ce n'est que par la force des circonstances, que l'on consent à relever d'une puissance étrangère. Les dissentions se multipliaient, d'individus à individus; les troubles de peuplades à peuplades traînaient en longueur. On réitéra fréquemment la nomination des arbitres et des chefs; on en augmenta l'autorité; la durée en fut prolongée. Ils furent dédommagés par des indemnités, du tems qu'ils dérobaient à leurs affaires, pour le donner aux affaires publiques. Il était juste de nourrir des hommes, qui, consacrés à l'intérêt général, ne pouvaient, par cela même, pourvoir à leur subsistance et à celle de leur famille.

CHAPITRE V.

Comment les associations eurent des chefs permanens.

Le chef de chaque peuplade ne manqua pas de trouver bien doux l'habitude du commandement, le pouvoir de juger. On aime à voir les autres plier sous sa volonté et dépendre de ses jugemens. Si l'amour-propre était flatté de ce côté, l'intérêt particulier n'y gagnait pas moins, par les avantages et le profit qui en résultaient. Le chef pensa aux moyens de se maintenir dans ses fonctions. La multitude, toujours très-confiante, occupée de ses affaires privées, se reposait tranquillement sur lui des affaires publiques. Elle ne pensait pas à l'esclavage. Cependant, l'habitude d'obéir, engourdissait les esprits sous le joug de l'obéissance, et le plaisir de dominer, inspirait le desir de dominer toujours. Il fut facile à un chef adroit de retenir l'autorité dans ses mains, en fortifiant son parti de tous les magistrats sous ses ordres, qui voyaient dans le pouvoir permanent de leur chef, une voie sûre pour rendre aussi le leur permanent. Il ne fut pas difficile à des hommes, dont l'esprit avait acquis de la subtilité par l'exercice dans les affaires publiques, de persuader aux autres, peu éclairés, que déjà rompus aux fonctions du gouvernement, ils valaient mieux que des hommes nouveaux pour en tenir les rênes. Avec le pouvoir dont ils étaient revêtus, ils réduisirent au silence, par la séduction et la frayeur, les citoyens éclairés qui auraient pu les contredire. Ainsi, fut consacrée dans les mains d'un seul, l'autorité permanente.

CHAPITRE VI.

Comment l'autorité est devenue héréditaire.

Ce n'était pas assez pour l'ambition, cette passion qui croît, à mesure qu'elle se satisfait. Les chefs permanens, voyaient, avec regret, que le tombeau allait ensevelir leur puissance; que leurs enfans rentreraient dans la foule commune. Ils travaillèrent à rendre leur charge héréditaire, et les mêmes causes les firent encore réussir; l'ignorance de la multitude, son trop de confiance, la corruption et la frayeur, semées à propos.

Telle est le penchant de tous les hommes revêtus d'une grande autorité. Ils sont toujours portés à l'accroître, à sortir des limites qui la circonscrivent, et à la retenir le plus long-tems possible. Ils ne manquent pas de trouver des êtres assez vils pour se vendre, et les servir dans leurs projets.

Les annales de tous les peuples connus, mais dont l'origine remonte à des tems reculés, nous apprennent que le gouvernement a toujours commencé par celui d'un seul. S'il en est quelques uns qui, dans le principe, se sont constitués en République, leur existance politique ne date pas de bien loin. Les révolutions des anciens peuples, les exemples de la tyrannie des chefs uniques, qu'ils avaient devant les yeux, était pour eux une leçon suffisante de ne plus se donner ce gouvernement. Il n'en est pas ainsi de ceux qui, par les circonstances où ils se sont trouvés, réunis peu-à-peu, sans instruction, et n'ayant pu prendre leçon de l'expérience, se sont formés tout-à-coup en societé. C'est toujours sous le commandement d'un seul qu'ils se sont réunis. C'est de tous les gouvernemens celui qui suppose le moins de connaissance, le moins de prévoyance dans les gouvernés, et paraît le plus simple. Une République démocratique où aristocratique suppose déjà des combinaisons politiques, la connaissance des précautions prises pour se prémunir contre la tyrannie d'un seul; ce qui démontre que l'on a déjà éprouvé que ce gouvernement était tyrannique ou le devenait facilement. Parmi les anciens peuples, ceux qui ont joué un rôle même dans l'histoire des républiques, tels que les Grecs et les Romains, d'une origine d'ailleurs peu reculée, ont obéi d'abord à des chefs uniques, et je n'en sache aucun, qui ait commencé par la République.

TITRE SECOND.

CHAPITRE PREMIER.

De la royauté.

QUAND, à la tête du gouvernement, est un seul chef permanent, il prend le nom de duc, de roi, d'empereur, etc., le sens de ces dénominations est à-peu-près le même. Duc, dérive du mot latin *ducere*, conduire; roi, de celui de *regere*, régir; empereur, vient de celui d'*imperare*, commander. Les premiers doges de Venise s'appelaient ducs, et par corruption, du mot *duc*, on en a fait celui de doge. Ce ne sont là que des titres différens, par rapport à la puissance, mais qui ne laissent pas d'exprimer à-peu-près la même chose, c'est-à-dire, un chef suprême, unique et permanent. Pour simplifier, je rapporterai à la royauté tous les gouvernemens de ce genre. Nous venons de voir par quels ressorts la royauté a été établie dans les premiers ages, comment elle est devenue héréditaire.

Les rois ne tardèrent pas à se rendre odieux. Des crimes multipliés, d'atroces vexations, commis par eux, et plus souvent encore par leurs ministres et leurs favoris; des entreprises audacieuses contre les privilèges des peuples; les impôts excessifs dont ils les accablèrent, semèrent le mécontentement. Enfin, leur tyrannie, portée au comble, inspira de se venger, et souleva le peuple contre le despote. Ici, les rois furent chassés, et la royauté abolie; là, on se contenta de la rendre élective, d'héréditaire qu'elle était. Ailleurs, ont crut suffisant d'en limiter le pouvoir, d'assujettir les monarques à des lois, de leur donner pour conseil, et pour croiser leur ambition, un corps intermédiaire entre eux et le peuple; mais la liberté ne subsiste pas long-tems avec des rois, et l'on est toujours dupe de leur pardonner; car, les peuples qui laissèrent héréditaire l'autorité royale, en se contentant de la borner, passèrent néanmoins sous le joug. Ceux qui avaient cru rester libres, en abolissant la royauté héréditaire, et en rendant la couronne élective, furent également déçus de leur espérance. Le sceptre des rois ne tarda pas à peser sur les citoyens : avec un pouvoir suprême à vie, il fut facile à un chef adroit de le rendre héréditaire, tantôt par le consentement des états, d'autres fois sans ce consentement, et la nation retomba dans la servitude.

CHAPITRE II.

De l'impossibilité de contenir la puissance royale.

L'AUTORITÉ est un poison qui enivre celui dont les lèvres en ont seulement touché la coupe. Bien peu savent se préserver de son ivresse. Plus la puissance dont on dispose est grande, plus elle inspire de l'aggrandir encore, et plus elle fournit de moyens de réussite. On est flatté d'appercevoir une distance immense entre soi et les autres citoyens, d'en être recherché, de devenir leur idole, de répandre, d'un seul mot, dans tous les cœurs, sur tous les visages, la joie ou la tristesse, de ne trouver aucune digue à sa volonté. Ainsi, accoutumé à exercer un empire étendu, l'amour-propre ne peut souffrir de résistance. Il s'irrite d'autant plus de la contradiction des uns, qu'il en éprouve moins de la part des autres, et qu'il en est plus caressé. Il ne peut plus supporter des liens qui le contrarient. Il cherche à s'en dégager. Le succès est d'autant plus certain, que la puissance est plus étendue. Or, quand le pouvoir est concentré dans les mains d'un seul, sa puissance en est plus étendue, et devient plus active. Il n'y a guères d'obstacles qu'il ne franchisse. Ainsi, les rois sont toujours tentés de devenir absolus. Ainsi, leurs efforts ne manquent presque jamais d'être couronnés du succès.

CHAPITRE III.

Preuve prise de l'exemple de Romulus.

ROMULUS, le fondateur de Rome, en avait créé lui-même la constitution. Lui-même avait limité son pouvoir et déterminé celui de chaque ordre. Qui plus que lui devait être attaché à ce gouvernement? qui devait mieux connaître et ce qu'il pouvait et ce qu'il ne pouvait pas? Quel roi doit plus chérir un gouvernement dont il tient les rênes, que celui qui en est le propre auteur ? Ne doit-il pas être le moins tenté de l'enfreindre ? Il est naturel à l'homme de se complaire dans son ouvrage, et d'aimer à le conserver. Eh bien ! sur la fin de son règne, Romulus courait au despotisme ; il violait les lois qu'il avait proposées, et fait consentir au peuple. Tant il est difficile à l'homme revêtu du pouvoir suprême, de se renfermer dans les bornes qui lui sont assignées.

Que de traits historiques ne pourrais-je pas encore rapporter, pour mettre cette vérité dans tout son jour ! Mais mon dessein n'est pas de faire l'histoire de l'usurpation des rois, et de l'aveuglement ou de la faiblesse des nations. Contentons-nous d'en saisir les traits les plus saillans, et d'offrir en exemples quelques uns des peuples les plus jaloux de leur liberté, les plus ennemis de la tyrannie. Si malgré toute leur prévoyance, toute leur haine contre le despotisme, ils n'ont pu réussir à contenir les rois dans le cercle du devoir, se garantir des coups de l'autorité arbitraire, et conserver leurs droits et leurs privilèges ; n'est-ce pas en dire assez des autres dans qui le climat, l'éducation ou le gouvernement, ont affaibli, depuis long-tems, l'horreur de la tyrannie, et le courage de la combattre? Je ne trouve pas de nation, dont les annales fournissent mieux à mon sujet que celles de la Suède; et quelqu'envie que j'aie d'abréger, il est nécessaire d'en tracer l'histoire avec un peu d'étendue.

CHAPITRE IV.

Preuve prise de l'histoire de la Suède.

DE tous les peuples qui, éprouvant successivement différentes révolutions, ont passé rapidement de la liberté sous le despotisme des rois, de leur despotisme à la liberté, il n'en est pas qui marque mieux que celui de la Suède; et dont l'histoire fournit plus d'exemples frappans de l'ambition des rois, et de la difficulté de contenir leur puissance.

La Liberté, qui n'établit son temple que dans les cœurs généreux, dans les ames fermes et élevées, ne trouvant dans le reste de l'Europe, que des hommes lâches et vils, dont les uns, abrutis par le joug de fer que leur imposaient leurs tyrans, semblaient un troupeau fait pour servir aux caprices du maître, et fournir à tous ses besoins, plutôt que des êtres raisonnables, vivans en société; dont les autres, bas et rampans, ministres de ses plaisirs comme de ses fureurs, s'occupaient uniquement de lui plaire, d'assurer sa volonté, pour partager ses faveurs et pressurer aussi ses sujets, à leur propre profit; la Liberté, dis-je, avait fui dans les régions du nord. C'est dans la Suède qu'elle semblait s'être réléguée. Là, des caractères, fiers et élévés, conservaient son culte avec soin. Le paysan, esclave par-tout ailleurs, libre au milieu des glaces, ne soupirait que pour elle. Plus d'une fois il fit repentir ses rois de leurs entreprises audacieuses. Inquiet, soupçonneux, jaloux d'un bien que l'on reprend difficilement, quand une fois il est ravi, il tenait en respect la noblesse et le clergé. Ses rois se livraient fréquemment à des actes arbitraires, en attaquant la propriété des citoyens, en levant des impôts sans le consentement des états; mais ces abus d'autorité étaient réprimés presque aussitôt. La diète les déclarait déchus du trône, et leur sceptre était remis en d'autres mains. A la vérité, leurs successeurs ne profitaient guères de leur catastrophe. Ils s'exposaient aux mêmes dangers pour parvenir au même but. La confiance tue la Liberté, la défiance lui sert de garant. Le peuple Suédois portait cette vertu à l'extrême; aussi, c'était une de ses anciennes coutumes, que toutes les fois que le monarque passait d'une province à une autre, les habitans, qui, pour la plupart, n'étaient que des paysans, exigeaient de lui des otages pour la sûreté de leurs privilèges; il en recevait aussi pour la sécurité de sa personne.

Lorsque Magnus Laduslas, monta sur le trône, la souveraine puissance résidait dans la réunion des quatre ordres qui composaient l'état : l'ordre des paysans, celui des bourgeois, de la noblesse et du clergé. Elle s'exerçait par une délégation. Cette délégation, composée de tous les ordres de l'état, formait la diète. La couronne était élective : c'était la diète qui la déférait. Le roi en était le président; il était chargé, concurremment avec un sénat, de faire exécuter les lois qu'elle rendait. Lui-même nommait les sénateurs et les grands officiers de la couronne; mais une fois élus, il ne pouvait plus les destituer. On croyait par-là les rendre indépendans du monarque. Ce prince et le sénat, en qui résidait le pouvoir exécutif, étaient responsables envers la nation, et rendaient compte de leur gestion. La diète était renouvellée tous les ans; il en était de même du sénat. Le prince avait d'autant moins de ressources pour corrompre la diète et le sénat,

que

que ses revenus étaient très-modiques. Qui imaginerait, qu'avec un pouvoir si borné, un roi put être dangereux à la liberté publique? Comment, avec si peu de moyens de corruption, parvenir à subjuguer une nation aussi clairvoyante, et se rendre absolu? Est-il possible de laisser moins d'autorité à un roi, au chef d'une grande nation? Si, cependant, les monarques de la Suède, avec une autorité si limitée, chez un peuple si jaloux de ses droits, sont devenus despotes, comment se flatter de garantir la liberté d'un pays, avec une constitution monarchique.

Tenter de le soumettre par la force, était, certainement, une entreprise bien inutile; il n'y avait pour ses rois qu'une voie de le réduire. Accoutumés à être caressés et flattés, il leur fallait changer de rôle, et devenir les flatteurs et les courtisans du peuple. C'est ce que fit Magnus Laduslas, plus adroit que ses prédécesseurs. Ceux-ci, à la vérité, avaient souvent réussi à jeter, momentanément, un voile ensanglanté sur le livre de ses privilèges; mais ces citoyens magnanimes, ne tardaient pas à le déchirer, et à châtier leur audace. Laduslas s'attacha à les gagner, et à les prendre par l'affection. Il commença par augmenter ses revenus, en se faisant concéder, sous différens prétextes, le produit des quatre grands lacs, les mines de la Suède, et les fiefs de la couronne qui avaient été aliénés. Alors, il combla de ses bienfaits les paysans et les bourgeois. Pour s'assurer du sénat et des premiers officiers de la couronne, il appela à ces places des étrangers, qui n'avaient aucun intérêt au maintien de la constitution. Il leur donna les premières charges de l'état. L'ordre de la noblesse, indigné de cette infraction à ses droits, n'osa cependant pas éclater contre un prince aimé des autres ordres. Les nobles s'en vangèrent en assassinant ces étrangers. Le roi rendit plainte contre eux à la prochaine diète, qui les condamna à la mort, sans prévoir qu'il y allait de la sûreté de la nation. L'amour pour le monarque aveugla les états, au point qu'ils ne virent pas qu'il était le premier coupable; que s'il était juste de punir les assassins, il ne l'était pas moins de sévir contre lui. Il avait violé le premier les lois de l'état, en détruisant le privilège d'un des ordres, sans consulter la nation; car c'était une loi fondamentale de l'état, que le roi ne pouvait choisir les sénateurs et les grands officiers, que parmi les nobles Suédois. Ils ne soupçonnèrent pas que l'introduction de ces étrangers dans le sénat, couvrait des projets contraires à la liberté publique. Ainsi la confiance des Suédois, et la terreur que Laduslas avait inspirée à la noblesse, fut le double instrument dont il se servit pour étendre sa domination, et s'élever au-dessus des lois. Il se comporta avec tant d'art, rendit si légères les chaînes dont il avait chargé ses nouveaux sujets, que les paysans et les bourgeois, si ennemis du despotisme, s'apperçurent à peine, que la Suède eut reçu le joug.

A la mort de ce prince, la diète déféra la couronne à son fils aîné. Ce nouveau roi, oubliant la sage politique de son père, se rendit si odieux par ses crimes, qu'elle le déposa, et élut à sa place, Magnus, son fils. Celui-ci, marchant sur les traces de son prédécesseur, fut deux fois chassé du trône. Ce peuple, au désespoir de ne trouver que des tyrans dans le sang de ses rois, crut mieux faire en appelant un étranger à la couronne. Un Albert, qui d'abord, proclamé roi par les mécontens, s'était emparé de Stockholm, fut reconnu par toute la nation; mais elle ne fit que changer de tyran. Il fut d'autant plus difficile à déposséder, qu'il avait à sa solde une armée d'étrangers· Les Suédois, pour se soustraire au joug d'Albert, appelèrent à leur secours, Marguerite reine de Danemarck, surnommée la Sémiramis du nord. Ils lui offrirent la couronne, sous la condition de respecter leurs droits leurs privilèges, et de ne porter aux places de la Suède, aucun de ses sujets du Danemarck et de la Norwège. Marguerite accepta, mais en exigeant que la couronne de la Suède fut héréditaire dans sa famille, ce qui lui fut accordée. Cette femme, au mépris de ses sermens, fit peser sur eux un joug encore plus accablant que celui auquel ils venaient d'échapper.

A sa mort, Christiern II, roi de Danemarck, lui succéda : il gouverna la Suède avec une verge de fer. Pour régner paisiblement, il voulut détruire tout l'ordre de la noblesse. A l'aide de l'archevêque de Stockholm, il fit égorger trois cents nobles dans un repas, quoiqu'il eut solennellement abjuré tous ses ressentimens. Ce crime atroce réveilla toute l'énergie du peuple; son indignation éclata; ce monstre prit la fuite pour échapper au supplice. Un Suédois, le maréchal de la diète fut proclamé roi; mais son ineptie le fit déposer par trois fois. Christiern fut assez heureux de s'emparer de Stockholm, où il se couvrit de nouveaux crimes. Ce scélérat fit massacrer presque toute la noblesse.

Le jeune Gustave Vasa, neveu du maréchal, s'était cependant échappé du Danemarck, où le tyran le tenait captif. Il avait trouvé un refuge dans sa patrie, auprès des Dalécarliens, peuple de la Suède, qui habite des montagnes toujours couvertes de neige. Des hivers rudes et très-longs, se font sentir dans les vallées de ce pays; la terre y fournit à peine aux premiers besoins. Ces hommes n'ont pour pain que l'écorce d'un arbre, dont ils font une pâte; mais aussi leur corps endurci à la fatigue et au froid, les rend les plus robustes des peuples du nord. Accoutumés à vivre de peu, leurs besoins sont proportionnés à leur pauvreté; ce qui les rend indépendans et fiers. Ils sont sans ambition, humains et généreux. L'injustice révolte ces hommes que la tyrannie n'a jamais avilis; leur cœur n'est pas corrompu par l'égoïsme, leur ame n'en est pas dégradée. On les a vus plus d'une fois prendre les armes, et voler au secours des autres habitans de la Suède, répandre pour eux leur sang, sans autre motif que de réprimer l'injustice; sans autre intérêt que de défendre l'opprimé. C'est du milieu des glaces éternelles qui couvrent ce pays, que s'élevaient les vengeurs du crime; et l'effroi des tyrans, dont tous les efforts venaient se briser aux pieds de ces hautes montagnes. La vertu les habitait : couverts de son égide, pouvaient-ils être vaincus? Leur pauvreté, leur genre de vie, servait encore de rempart à leur liberté.

Vous, qui vous dites policés, allez prendre des leçons de ces hommes grossiers. Ils ont un extérieur sauvage; mais la probité, la haine de l'injustice, un dévouement généreux pour les opprimés, voilà leurs vertus; et celles qui vous manquent.

Gustave Vasa y vécut inconnu pendant quelque tems, travaillant aux mines pour subsister. S'étant découvert ensuite aux Dalécarliens, il les engagea à le suivre pour chasser Christiern. Rien ne résista à leur valeur; ce monstre s'échappa, et finit ces jours en prison : faible punition de tous ses crimes! Gustave, parvenu au trône, fut aussi politique que Magnus Laduslas. Il voulut se rendre absolu; mais en se conciliant, comme lui, la bienveillance des Dalécarliens, et des autres habitans de la Suède, par ses bienfaits et la douceur de son gouvernement. Fatigué de tant de révolutions, ce peuple se reposa, sur ce monarque qu'il aimait, du soin de le gouverner. Il renonça, en faveur de sa postérité, à son droit d'élire ses rois, en consentant que la couronne fût héréditaire. Il adopta toutes les réformes que ce prince voulut, et dont le but caché était de le rendre absolu.

Ainsi, les peuples s'endorment presque toujours dans les bras de la confiance, et ne se réveillent que chargés de fers. Ainsi, les fatigues des révolutions, trop long-tems prolongées ou trop réitérées, les plongent dans un sommeil léthargique, aux pieds du chef adroit, qui leur présente l'image de la tranquillité.

Éric succéda à Gustave par son droit d'aînesse; mais loin de marcher sur les traces de son père, et de tempérer, comme lui, par une conduite sage et modérée, l'éclat de la souveraineté, toujours odieux à des hommes passionnés pour la liberté, il fit massacrer vingt-six nobles sur de simples soupçons; il poignarda de sa main un des principaux de la Suède, généralement estimé, et allait verser le sang de ses propres frères, lorsque ceux-ci réveillèrent l'énergie des états, et le firent déposer. Le sceptre passa dans les mains du duc Jean, frère d'Éric, qui, appelé au trône de la Pologne, par son mariage avec la fille de

Sigismond, roi de cette nation, laissa la couronne à son frère Charles IX. Celui-ci sut si bien ménager le sénat et les états, que Gustave-Adolphe, son fils, fut reconnu pour lui succéder.

Gustave-Adolphe, grand par ses talens, encore plus grand par la générosité de son ame, ne se servit de ses hautes qualités, que pour la gloire et le bonheur de son pays. Il connut ses devoirs, il connut les droits du peuple : il se renferma dans les uns, il respecta les autres. Jamais il n'abusa de sa puissance pour éteindre la liberté de sa patrie, et se livrer à l'arbitraire de ses caprices. Ce grand homme, ce respectable citoyen, n'était jaloux que de bien faire. Il conduisait, sous ses étendards, le Suédois à la victoire; il le rendait prépondérant dans la balance des puissances de l'Europe. Mais le destin ne lui permit pas d'accomplir ses vastes et sublimes projets, la mort l'arrêta au milieu de ses conquêtes.

Pourquoi faut-il que sa faux cruelle, parmi la foule des rois, aille moissonner précisément ceux qui honorent le trône, et dont le nombre est si rare ! Ne devrait-elle pas tomber plutôt sur ces tyrans, qui par eux ou leurs alentours, pèsent sur les peuples de leur poids écrasant, et sont les fléaux de l'humanité? Avec quel sentiment délicieux, ne lit-on pas la vie des princes qui ont été pénétrés de leurs devoirs, et les ont bien remplis? on les admire d'autant plus, qu'il leur est plus difficile de bien gouverner. Quel est celui qui ne respecte Charlemagne, occupé, au milieu même des camps, et dans le tumulte des armes, à mettre ses sujets à l'abri de la tyrannie des grands, par de sages institutions? Qui ne pardonne à Saint Louis ses folies religieuses, en faveur de son humanité et de ses efforts pour assurer le bien-être du peuple? Quel cœur ne s'amollit, et ne laisse échapper de douces larmes, au récit des actions de cet empereur Romain, qui gémissait quand il passait un jour sans faire le bien? Rois, ne blâmez donc pas les Républicains, s'ils ne vous aiment pas. Faites le bonheur de ceux que vous appelez vos sujets; mettez leur vie, leur liberté, leur propriété hors de l'arbitraire de vos agens; faites en sorte que vos préposés, rendent à tous une justice égale; et ils vous chériront, ils proclameront vos noms avec reconnaissance. Ils vous proposeront pour exemple aux chefs des républiques. Ils partiront de votre conduite pour vouer ceux-ci à l'exécration, s'ils rendent malheureux ceux qu'ils gouvernent; car ils savent que la forme républicaine prête bien plus à la félicité publique, et expose infiniment moins les magistrats à l'erreur, à l'iniquité, pour peu qu'ils aient l'esprit juste, le cœur droit, et s'attachent à leur devoir.

Christine, sa fille, encore enfant, lui succéda, à défaut d'héritier, et en vertu de la loi établie par Gustave Vasa, qui rendait le trône héréditaire. Le sénat, qui, comme nous l'avons dit, exerçait le pouvoir exécutif concurremment avec le roi, et n'était composé que de nobles, profita de la minorité de cette princesse, pour augmenter les prérogatives des nobles, aux dépens de celles des autres citoyens: entreprise qui alluma la discorde entre l'ordre de la noblesse et les autres. Christine, à sa majorité, en tira habilement parti, pour se rendre toute-puissante; mais peu après elle abdiqua, et se retira en Italie. Son fils, Charles XI lui succéda. La diète fit jurer au nouveau roi de gouverner selon les lois, et de se conformer à la constitution de l'état; mais lie-t-on les ambitieux par la foi des sermens? Les citoyens, sous son règne, furent écrasés d'impôts, tourmentés par des actes de l'injustice la plus criante. Charles XII, son successeur, non moins despote, ruina la Suède, en l'entraînant dans des guerres continuelles; il mourut à

Stralsund, en visitant les fortifications, sans laisser de postérité.

Les états offrirent la couronne à sa sœur cadette, sous la condition de renoncer au pouvoir absolu, et de se renfermer dans l'antique constitution du pays : elle y consentit. Instruits par l'expérience, ils résolurent de rendre presque nulle la prérogative royale, afin de la réduire à l'impossibilité de manquer à ses engagemens. En conséquence, il fut décidé que le roi et le sénat, qui lui servirait de conseil, seraient tenu d'asssembler la diète tous les trois ans; que dans le cas qu'ils y manqueraient, elle s'assemblerait d'elle-même; que dans l'intervale des diètes, le roi partagerait avec le sénat, le pouvoir du commandement, de manière que toutes leurs résolutions se prendraient à la majorité des suffrages. Le roi ne devait avoir que deux suffrages par dessus les autre sénateurs. Il n'était dans le fait que le chef du sénat; mais on lui accordait en illusion, ce qu'il perdait en réalité. Il présidait toujours le sénat et la diète. Sa personne était sacrée; il ne paraissait en public qu'en grande pompe, et avec tout l'apparcil de la souveraineté. A lui seul appartenait de créer les barons, les comtes et les nobles. Il avait aussi le droit de faire grace. Pour achever de lui ôter toute influence, la diète eut soin d'établir un comité secret, chargé de connaître des crimes de haute trahison, et dont le roi était justiciable. Il était composé de membres du clergé, de la noblesse et de la bourgeoisie, dans une telle proportion, qu'il devait toujours y avoir deux membres de la noblesse pour un de chacun des deux autres ordres.

Avec de telles précautions, la liberté de la Suède ne semblait-elle pas à jamais assurée? Devait-on craindre pour l'avenir? Jusqu'ici nous l'avons vue toujours aux prises avec ses rois, en éprouver les coups d'une tyrannie sans cesse renaissante, être obligée de les déposer presque aussitôt après les avoir nommés. De trois seulement, qui gouvernèrent avec assez d'équité, deux ne le firent que par esprit de dissimulation, et pour tromper le peuple. La sœur de Charles, Ulrique-Eléonore, épouse de Frédéric, prince de Hesse-Cassel, régna aux conditions ci-dessus, et n'ayant pas laissé d'héritier, Frédéric fut nommé pour la remplacer. L'autorité de l'un et de l'autre était nulle, aussi ne purent-ils faire de mal. Sous leur règne, la noblesse s'était ménagée un grand crédit. Les nobles seuls composaient le sénat, et remplissaient les premières fonctions de l'état. Ils avaient la prépondérance dans le rédoutable comité secret, à raison de sa composition vicieuse. Ils jetèrent la terreur dans l'ame de ces deux princes, qui abandonnèrent au sénat tout le soin du gouvernement. Si l'ordre de la noblesse se fut contenté de ses privilèges, et n'eut pas voulu dominer le reste de la nation, ç'en était fait du despotisme royal; mais devenus beaucoup trop puissans, les nobles voulurent faire tourner à leur profit, la nouvelle constitution; ils devinrent, à leur tour, les oppresseurs du peuple, et leur ambition démesurée, servit à rétablir la tyrannie royale.

Gustave III venait de succéder à Frédéric II. Ce prince, dévoré d'ambition, savait la déguiser sous les déhors d'un ardent patriotisme. Il était doué de grandes qualités; mais au lieu de s'en servir pour rétablir la liberté publique, en détruisant l'aristocratie du sénat et de la diète, il n'en fit usage que pour asservir son pays.

Quelle fureur pousse donc les hommes, revêtus d'une grande puissance, à l'étendre encore, quand ils jouissent déjà de plus de biens qu'il ne leur en faut? en deviennent-ils plus heureux? le bonheur consiste-t-il dans un pouvoir qui excède les forces de l'homme, et dont il est le plus souvent écrasé lui-même? S'il veut faire son devoir, il est forcé de renoncer à toutes les jouissances de la vie, pour s'ensevelir dans un travail opiniâtre, pénible, et auquel ses facultés physiques et morales ne peuvent suffire. Il est dans la nécessité de céder son autorité à des gens en sous ordre, et de leur donner une entière confiance. Alors ce n'est plus pour lui qu'il devient absolu, mais pour quelques individus privilégiés, qui, sous son nom, se vautrent à loisir dans l'arbitraire de leurs caprices, dans le despotisme de leur volonté, et lui méritent la malédiction de ceux qu'il gouverne. Est-ce dans l'intérêt des gouvernés? Mais l'intérêt de ceux-ci, est de ne dépendre de l'arbitraire de qui que ce soit; d'être garantis, dans leur personne et leur propriété, par une volonté fixe, constante et juste, telle que celle de la loi, que nul ne puisse violer? Quelque bornée que soit la prérogative des rois, n'est-elle pas suffisante pour qu'ils y trouvent le contentement? Le cœur humain est-il donc si vaste que rien ne puisse le remplir? que leur faut-il? Satisfaire les besoins de la vie, se procurer des commodités et des jouissances qui la rendent agréable. Ils ont tout cela dans les richesses que l'état leur alloue. Logemens commodes et agréables, spectacles de tout genre, pour flatter les sens, doux épanchemens de l'amitié, sentimens délicieux de la nature et de l'amour, que faut-il de plus pour être heureux? est-il besoin pour le devenir, de commander impérieusement à tout un peuple; et ne peut-on cimenter son bonheur que des larmes et de la misère de milliers d'hommes? Plaignons cet extravagant, qui ne pouvait se nourrir que de mets, composés de différentes parties d'animaux les plus rares, et qui coûtaient des millions.

Gustave III, à son avènement au trône, vit que les paysans et les bourgeois souffraient impatiemment que l'ordre de la noblesse rappelât à lui toute l'autorité, et les réduisit à la nullité. Les nobles dominaient dans la diète, dans le comité secret, et formaient le sénat, où toute la puissance royale était venue se confondre. Quelle fut la marche de ce prince, pour parvenir à ses fins? de fomenter cette haine réciproque, d'entretenir la division entre les différens ordres, et de feindre ensuite en vouloir être le conciliateur. Il se montrait tout populaire, en même tems que le sénat le croyait dévoué à l'intérêt de la noblesse. Il eut l'art, sur tout, de faire traîner en longueur les délibérations de la diète, et de les rendre interminables, par la jalousie qu'il eut soin d'y allumer. Il en résultait une anarchie, dont le peuple était très-fatigué, et dont Gustave avait l'air de s'affecter vivement. Quand il fut sûr de l'amour que les Suédois lui portaient, de la haine et du mépris que leur avaient inspirés le sénat et la diète, il laissa tomber le masque, et se montra à découvert aux yeux des sénateurs, étonnés et confondus.

Il excite des soulèvemens par des agens secrets, pour en prendre occasion de tenir des troupes sur pied; fait arrêter tout le sénat; convoque le peuple de Stockholm; et feignant devant lui la plus grande sensibilité pour sa misère, déplore ses malheurs, pleure sur ses maux, et annonce qu'il y va mettre fin, s'il s'en rapporte à lui. La crainte dans les uns, une sotte confiance dans le plus grand nombre, fit consentir à tout ce qu'il voulut. Le despotisme le plus absolu fut le fruit de sa dissimulation.

Je ne puis m'empêcher de rapporter la réponse de ce généreux Suédois, de Cédestron, qui,

qui, au milieu des bayonnettes du tyran, eut seul le courage de refuser le serment qu'il exigeait des nobles « J'ai juré à la nation de » lui être fidèle, dit-il, je la trahirais en » te prêtant le serment que tu demandes; eh! » quelle foi pourrais-tu avoir dans le serment » d'un traître »? La rage de la domination n'avait pas entièrement corrompu le cœur de Gustave. Quoique piqué de cette fierté, il ne put s'empêcher de l'admirer, et de respecter celui qui était assez grand pour ne pas vouloir de maître. Ces âmes élevées sont ordinairement les fléaux de la tyrannie; mais quand les rois sont assez sages, et assez grands eux-mêmes pour les respecter et s'en servir, ils n'ont pas de meilleurs conseillers; au lieu qu'ils ne trouvent, dans les hommes lâches, rampans et flagorneurs, que des amis de leur puissance, tout occupés à faire leurs propres affaires, et, peu inquiets de celles du monarque. Comme quoi que tout aille, peu leur importe, pourvu qu'ils s'en trouve bien. Cette réflexion doit s'appliquer à tous les gouvernans.

Tout le monde sait comment le fer d'Ankerstrom, a terminé les jours de Gustave, lorsqu'il s'agitait au milieu de sa fureur délirante, nouveau dom Quichotte, épris d'amour pour la cause de Louis XVI; en voulant se mêler d'arrêter la révolution française, il eut, par ses folies chevaleresques, jeté la Suède dans une guerre ruineuse. Fort heureusement pour cette nation, que l'autorité royale ait été confiée à un régent sage, et éclairé sur les vrais intérêts du peuple et de son pupile. Loin de suivre les projets de Gustave, il s'est occupé, avec sollicitude, à faire prospérer sa patrie, et à éduquer le jeune prince qui doit la gouverner. Puissent ses soins être couronnés du succès ! puisse-t-il laisser les rênes entre les mains d'un prince capable de les tenir; assez grand pour rendre aux Suédois leur première constitution, améliorée, digne en tout du vertueux Gustave-Adolphe.

CHAPITRE V.

Réflexions sur l'histoire Suédoise.

QUE de réflexions naissent de l'hitoire du peuple Suédois ! comme elle fait ressortir l'impossibilité de contenir les rois dans les bornes de leurs fonctions ! Quel peuple, dans les monarchies, fut plus jaloux de sa liberté ? quel peuple porta à un plus haut point la fierté, le courage et la défiance contre ses rois? et, cependant, plusieurs fois il a reçu le joug. Tous ceux qui ont voulu le subjuguer par la force, ont porté la peine de leur audace; mais quand ils ont su flatter la multitude, tromper sa confiance, semer la division entre les citoyens, entre les ordres de l'état, épouvanter les uns, gagner les autres, la réussite a répondu à leur espérance. On y voit le danger d'établir différens ordres dans l'état, d'attribuer aux uns des privilèges dont les autres sont privés. On y voit l'ordre de la noblesse, rester uni à celui des paysans et des bourgeois, tant qu'il a craint d'être despotisé par le monarque, et de perdre ses privilèges, mais aussitôt qu'il n'a plus cette crainte, se livrer à l'esprit de corps, ambitionner à son tour la domination, et se servir de ses privilèges exclusifs, pour l'usurper.

CHAPITRE VI.

Combien est vaine la garantie prise de la constitution Anglaise.

QUE dire de la constitution Anglaise, dont quelques publicistes ont fait tant d'éloges, et où ils ont prétendu trouver la sauve-garde de la liberté, dans la dépendance réciproque du pouvoir du roi, de la chambre haute et de la chambre des communes? C'est à cette réunion, qu'est déléguée l'exercice de la souveraineté. Une opinion adoptée par la chambre des communes, ne peut avoir force de loi, que lorsqu'elle a été approuvée et par la chambre haute et ensuite par le roi. Ainsi, quand la chambre des communes serait animée des meilleures intentions, en faveur de ses commettans, quand le même dévouement dirigerait la chambre haute, tout projet de loi favorable à la liberté publique et individuelle, mais contraire à l'ambition du roi ou de ses ministres, ne peut jamais passer. Il n'y a que les décrets qui la favorisent, qui ne seront jamais frappés du *veto* royal. Un seul homme, peut donc paralyser la volonté de toute une nation, exprimée par ses représentans; et qui, encore, a ce droit terrible? le chef du pouvoir exécutif, le roi, qui, comme nous l'avons vu, a une volonté et des desirs presque toujours opposés à ceux de la nation, et dont la tendance nécessaire est vers le despotisme. A la vérité, les rois d'Angleterre, ou plutôt leurs ministres, se précautionnent pour n'être jamais réduits à faire usage du *veto*; ils ont soin de s'assurer, par la corruption, des suffrages des deux chambres : ils évitent par là une lutte entre eux et les chambres, dont l'effet, à la longue, serait d'éclairer le peuple sur cette prérogative terrible, et de lui en faire appercevoir le danger.

L'on a pris quelques précautions pour qu'il y eut au parlement moins de créatures du pouvoir exécutif. En conséquence, on a exclu du choix des électeurs, les employés de la recette des droits, des domaines, les hommes de l'accise ou de la judicature, les pensionnaires du roi; celui-ci semble encore être dans la dépendance de la chambre des communes, par le droit qu'elle a, et qu'elle exerce seule de consentir à la levée des subsides ou des impôts, comme par le droit qu'elle a de lui en faire rendre compte; mais l'on n'a pris aucune précaution pour l'empêcher de corrompre. Son pouvoir n'est limité qu'en apparence; c'est lui qui dispose des emplois les plus brillans, et les plus lucratifs, dans le civil comme dans le militaire, et il peut destituer ceux qu'il en a revêtus. Les places éminentes de la religion, sont aussi à sa nomination. Il ordonne à son gré de l'emploi des finances. En voilà plus qu'il ne faut pour dominer les deux chambres; aussi, le roi, ou son premier ministre, fait-il adopter tout ce qui lui plaît. Les chambres une fois gagnées, l'on devine aisément à quoi se réduit la reddition de compte, et combien il lui est facile d'obtenir, de la chambres des communes, les subsides qu'il demande. Si le parlement se permettait, par hasard, ce qui est arrivé rarement, de résister à sa volonté, n'a-t-il pas le droit de le casser, de le proroger comme bon lui semble, et d'en former un autre, plus docile à ses vues?

Le monarque a, dans le *veto*, et dans le droit de casser le parlement, une garantie assurée, qui met ses prérogatives à l'abri de toutes atteintes; mais la nation n'en a aucune contre son ambition, puisqu'il lui est si facile de corrompre les chambres. Ce qui achève de mettre les droits du peuple Anglais à la dévotion royale et ministérielle, c'est que le parlement n'est pas seulement puissance législative; mais bien puissance souveraine. Il peut, de sa volonté, changer même la constitution de l'état, et en renverser les fondemens de fond en comble. C'est une monstruosité politique, que de déléguer l'exercice de la puissance souveraine. Le roi d'Angleterre est tout, et l'on peut dire avec vérité, que le parlement est son conseil, plutôt qu'une émanation de la souveraineté. Son despotisme est d'autant plus assuré, qu'il paraît que les lois y sont l'expression de la volonté générale. Je passe sous silence bien d'autres vices.

Cette dépendance réciproque, dont on a fait tant de bruit, cette prétendue balance des pouvoirs, ne sont donc que des chimères : j'en vois bien le mot, mais la chose je ne la trouve nulle part. Aussi, cette constitution, a-t-elle été, pour les droits de la nation, une bien faible barrière; cependant, quoique très-vicieuse, elle ne laisse pas de contenir de bonnes choses; et si le roi d'Angleterre était assez sage, assez éclairé pour renoncer à une partie de sa dangereuse influence, qui n'est profitable, au reste, qu'à ceux qui règnent sous son nom, et souffrir les réformes que sollicitent, depuis long-tems, les amis du bien, dans ce pays, la liberté publique et individuelle y trouverait encore un asyle assez sûr.

Un des effets ordinaires de l'autorité despotique, est de renverser les barrières qui défendent la liberté individuelle. La loi de l'*habeas corpus*, quoique susceptible de perfection, restait au peuple Anglais pour unique sauve-garde, contre la corruption de ses parlemens; mais Pitt vient de renverser cette digue. Quel asyle reste-t-il maintenant à la sûreté individuelle? quelle est donc cette liberté, dont le peuple Anglais se flatte de jouir? Qu'y a-t-il de si beau, à voir quelques hommes se dédommager de leur pauvreté, en attaquant à coups de poings, un autre d'un rang plus élevé, qui pour s'en délivrer, leur jette de l'argent, comme on jette une morceau de viande à des chiens, pour les empêcher d'aboyer! Je ne vois là que la licence qu'on leur permet, pour leur faire oublier leur abjection; je n'y vois que de l'abrutissement.

CHAPITRE VII.

De la monarchie élective et héréditaire, comparées ensemble.

ON a disputé long-tems sur la question de savoir, à laquelle de ces monarchies appartenait la préférence. Les écrivains, comme de raison, ont donné la priorité, à celui de ces gouvernemens sous lequel ils vivaient. On ne se soucie guères de se brouiller, dans la monarchie héréditaire, avec la divinité, qui tient la foudre d'une main, et la fortune de l'autre. Lorsque les membres de l'assemblée constituante, furent appelés à jeter les bases de la constitution Française, Louis XVI était encore tout-puissant, et les Français, imbus des préjugés monarchiques; il avait un fils; il fut donc démontré pour eux, que la monarchie héréditaire était préférable. Les écrivains, dans les monarchies électives, plus libres dans leurs opinions, sont d'un avis contraire, et l'appuient de raisonnemens embarrassans. Nous allons rapporter le pour et le contre.

Ceux-ci disent qu'il n'est rien de plus absurde que de faire dépendre le bonheur ou le malheur des hommes, des caprices du hasard; et de livrer leur sort entre les mains d'un individu ignorant ou méchant, précisément parce qu'il est né de tel autre individu. Ils disent que celui-là seul doit tenir les rênes du gouvernement, qui en est capable; et que l'on ne doit pas couronner le fils d'un roi, s'il est imbécile ou scélérat; mais en choisir un autre, qui en soit plus digne; que soutenir le contraire, c'est faire des peuples, des troupeaux destinés au joug de quelques individus privilégiés. Leurs adversaires, qui n'osent pousser l'extravagance, jusqu'à complaire à ce point à l'idole, en soutenant une telle prétention, croient se tirer d'affaire, en se rabattant sur l'intérêt même des peuples, qui à les entendre, exige que les fils des rois le deviennent à leur tour. A la vérité, les peuples ne conçoivent guères pourquoi il leur est si essentiel d'être gouvernés par les enfans de leurs rois, imbéciles ou méchans, plutôt que par tout autre. Il leur semble, au contraire, qu'ils ont le plus grand intérêt à être bien gouvernés; et que l'essentiel pour eux, est de mettre à leur tête un homme instruit et bon, qui les rende heureux, plutôt qu'un ignorant et un méchant, qui les opprime, ou les laisse opprimer.

Les héréditaires, très-embarrassés, et ne sachant que répondre à un argument si concluant, prétendent qu'un roi gouvernera beaucoup mieux, si son fils doit être son successeur, et qu'il s'attachera à rendre le pays florissant, pour lui laisser un héritage digne de lui. Fort bien; mais si un roi, qui veut laisser à son fils, un héritage digne de lui, n'a qu'un héritier incapable de gérer l'héritage, et propre à le ruiner, faut-il souffrir qu'il passe entre ses mains? je ne vois pas ce qu'on peut répondre de raisonnable à une interpellation si pressante. L'observation prouve, d'ailleurs, que les rois à caractère, ne cherchent pas tant à laisser à leurs enfans des peuples heureux que des peuples soumis. Leur but ordinaire est de leur transmettre un pouvoir despotique ; chose incompatible avec le bonheur du peuple.

L'éducation que reçoivent les enfans des rois, quand ils doivent leur succéder, loin d'en former des hommes capables de gouverner dignement, n'en fait ordinairement que des machines; ou de grands enfans, qui ne savent ni penser, ni agir par eux-mêmes. Ils ne peuvent se passer de tuteurs, qui gouvernent sous leur nom, et changent, non selon l'intérêt des gouvernés, mais selon le succès des différentes intrigues de cour. Les flatteries dont on les enivre dès le berceau, tant de respects qu'on leur prodigue dans l'age le plus tendre, leur font sentir la distance immense qu'il y a entre eux et les autres hommes. Ils ne voient autour d'eux que des valets, et de misérables faiseurs de courbettes. Ils deviennent hommes, sans avoir eu un seul instant d'appercevoir qu'ils ne sont que des hommes, semblables en tout aux autres. Ils ne les découvrent plus que dans un éloignement immense, et que comme créés pour leur être subordonnés. Quelle colère, la moindre contradiction n'allume-t-elle pas alors dans leur ame, bercée d'une si douce persuasion? A quels dangers n'expose-t-elle pas quiconque ose l'enflammer? On ne se permet plus de leur dire la vérité, et pour les avoir traités comme des hommes précieux, quand ils n'étaient que des enfans, on est obligé de les traiter comme des dieux quand ils ne sont que des hommes.

Est-on libre de choisir? on est libre de déposer? On a intérêt à ne faire que de bons choix. Si l'on se trompe, on a la faculté de réparer son erreur, par le recours à la déchéance. Dans le système contraire, on ne voit aucun terme à ses maux. Il faut attendre, en gémissant, la fin du tyran, et mettre son espérance d'un meilleur ordre de choses dans un successeur donné par le hasard; par le hasard dont les chances sont contre soi, soit à raison de l'éducation vicieuse du royal enfant, soit parce que les hommes de ce genre sont très-rares.

Mais, disent les défenseurs du système héréditaire, quand la succession au trône appartient à la même famille, on évite beaucoup de cabales. Nous ne voyons pas, répondent leurs antagonistes, qu'il vaille mieux s'exposer à être pillé, vexé, égorgé tranquillement, que d'encourir les agitations de quelques intrigues, auxquelles peut donner lieu une institution, dont le résultat est de prévenir tous ces maux. Nous ne voyons pas ce que ces intrigues ont de dangereux pour la tranquillité publique. A Rome, la royauté était élective; et jamais les élections des rois n'y ont fait couler une goutte de sang, ni produit le moindre trouble, tant qu'elle se sont faites légalement. Sous les empereurs, elles ont été marquées par des flots de sang; mais elles avaient lieu au mépris de toutes les formes; elles étaient l'effet de la violence et de la force, et ne se faisaient que par une soldatesque en fureur. La Suède, comme nous avons vu, n'échappait à la tyrannie de ses rois, et n'évitait sa ruine totale, qu'en en élisant un nouveau, chaque fois qu'elle était opprimée, à la place de celui qu'elle venait de déposer. La tranquillité publique n'en était nullement troublée, parce qu'on y procédait légalement, et en suivant les formes constitutionnelles. Je pourrais citer d'autres nations, où la couronne était élective, et où les élections s'opéraient sans trouble et sans déchirement.

Lecteurs, vous venez d'entendre les raisons des deux partis; pesez-les et jugez-en vous-même.

TITRE TROISIÈME.

CHAPITRE PREMIER.

Des associations, sous la forme républicaine, et ce qui s'en est suivi.

QUAND le pouvoir, chargé de faire exécuter les lois, ou de veiller à leur exécution, est confié à plusieurs individus, ou à un seul, qui doit être changé après un certain tems, cette forme de gouvernement, est appélée gouvernement républicain. Quand ces individus sont en assez grand nombre, ils forment un corps, ordinairement désigné sous la dénomination de sénat ; dans quelques endroits, comme à Genève, il est connu sous celle de petit conseil.

Les nations qui eurent le courage d'abolir la royauté, et de s'ériger en république, en confièrent le gouvernement, les uns à un seul chef, que l'on renouvellait après un certain tems, les autres à un sénat, dont les sénateurs étaient soumis au renouvellement, et le plus grand nombre à un sénat, dont les membres étaient à vie.

CHAPITRE II.

Des républiques, gouvernées par un seul chef, amovible.

L'HISTOIRE nous fournit peu d'exemples de républiques, dont le gouvernement soit confié à un seul individu; cette forme ressemblait trop au gouvernement monarchique, pour n'être pas redouté des peuples libres, qui avaient appris à détester les rois. On ne la trouve établie que dans la nouvelle Angleterre. Il n'est pas difficile de prévoir où doit aboutir le gouvernement de ce pays, et combien les puissances intéressées peuvent facilement l'influencer, le diriger dans un sens favorable à leur intérêt, et contraire à celui des Anglétériens Il suffit de gagner le président du congrès. Mon dessein, dans cette première Partie, n'est pas de découvrir, à l'aide du raisonnement; les ressorts vicieux des différens gouvernemens, je ne veux que consulter l'observation pour en connaître les bons comme les mauvais effets. Puisque l'observation ne nous apprend encore rien sur cette forme de république; passons-là sous silence.

CHAPITRE III.

Des républiques, gouvernées par des sénateurs à vie.

Les nations qui se constituèrent en république, gouvernée par un sénat, firent une grande faute de le composer de sénateurs à vie, et d'affecter cette charge particulièrement à certaines familles. L'esprit de corps ne tarda pas à s'y glisser. Les sénateurs, jouissant d'une considération habituelle, qui les élevaient au-dessus du reste des citoyens, se considérèrent comme séparés du peuple. Ils mirent leurs soins à étendre leur autorité; ils sacrifièrent à l'amour des richesses; les revenus de l'état devinrent comme leur patrimoine. Ils s'attachèrent le plus souvent à élever leur fortune sur la ruine de celle des autres citoyens. Les charges les plus lucratives, ou qui donnaient le plus de considération et de prépondérance, ne furent remplies que d'eux ou de leurs créatures. Ils furent presque tous des oppresseurs. Leur morgue, les airs insolens que prennent, même sans s'en appercevoir, les magistrats accoutumés à l'autorité, des actes arbitraires, indignèrent le peuple, qui eut recours à l'insurrection.

CHAPITRE

CHAPITRE IV.

Preuve prise de la constitution de la république Romaine.

DANS la constitution monarchique, que Romulus avait donnée aux Romains, il avait établi un sénat, composé de sénateurs à vie, mais dont le pouvoir était tellement circonscrit, et par l'autorité du peuple et par celle du roi, que le vice de cette institution en devenait moindre; d'ailleurs, les sénateurs, pour résister à l'autorité royale et la contenir dans ses bornes, étaient obligés de s'unir aux plébéïens. Ce n'est pas, cependant, qu'ils ne fissent souvent sentir à ceux-ci le poids de leur supériorité. Servius Tullius, sixième roi de Rome, crut mieux faire, de transporter tout le pouvoir législatif aux sénateurs, aux patriciens et aux riches. Ce fut, pour le sénat, une prérogative dont il abusa dans la suite, qui tourna au détriment des plébéïens, et finit par être funeste au sénat même.

En effet, après l'expulsion des Tarquins, dont la tyrannie avait révolté tous les ordres de l'état, la royauté fut abolie, et l'autorité en fut confondue dans celle du sénat. Ainsi, le gouvernement devint républicain, de monarchique qu'il était. Deux Magistrats, pris de son sein, et nommés dans une assemblée de toute la nation, gouvernaient sous le nom de consuls; le sénat, pour conserver cette nouvelle forme de gouvernement, qui lui plaisait d'autant plus, que sa puissance en était accrue, ménagea le peuple avec beaucoup d'égards, tant qu'il eut à craindre le retour des Tarquins. Il le déchargea d'une partie de ses impositions; prit sur son compte et sur celui des patriciens, tous les frais de la guerre qu'on eut à soutenir contre Porsenna, qui voulait rétablir les Tarquins. Les approvisionnemens ayant manqué, il fit venir, à ses propres dépens, beaucoup de bleds, qu'il distribua à vil prix. Les plébéïens, charmés de la conduite des sénateurs, chérissaient le nouveau régime, et faisaient des vœux pour sa continuité; mais à peine la guerre fut-elle terminée, à peine le sénat fut-il sûr que le trône ne se releverait pas de ses décombres, que la plupart des sénateurs et des nobles, enivrés de leur puissance, les traitèrent avec mépris. Ils regardèrent comme avilissant de s'allier avec eux. Les uns s'emparèrent des terres conquises, qui étaient à leur bienséance; les autres les faisaient acheter pour eux sous des noms empruntés; et comme ils étaient eux-mêmes les adjudicateurs des ventes, ils les acquéraient à vil prix. Non contens d'accumuler les richesses par de telles friponneries, ils portèrent l'avidité, jusqu'à prêter à grosse usure, aux citoyens pressés du besoin; ils les forçaient ensuite, à force de mauvais traitemens, à se libérer, en cédant leur patrimoine à vil prix, afin de livrer ces malheureux à leur discrétion. Ils avaient eu la perfidie, législateurs et partie en même tems, de rendre une loi, qui permettait au créancier de saisir son débiteur, et de le traiter en esclave, jusqu'à l'entier paiement.

La multitude, écrasée par l'avarice et l'inhumanité des sénateurs et des nobles, réduite à la plus extrême misère, murmura. Ses plaintes furent inutiles. Son ressentiment éclata, enfin, sous le consulat de Largius et de Rélius. Elle demanda l'abolition des dettes; et finit après bien des débats, toujours trompée par les vaines promesses du sénat, par se retirer sur le mont Vélie, appelé depuis le mont sacré. Le sénat se vit contraint de consentir aux demandes des plébéïens; la peur, fit sur les sénateurs et les nobles, ce que n'avait pu la commisération. Les dettes furent abolies; mais le peuple, tant de fois abusé, exigea, pour garant de leurs engagemens, et pour sûreté de ses droits et de sa liberté, la création de magistrats pris de son sein, choisis par lui, qui devaient être spécialement chargés de défendre ses intérêts contre les entreprises des nobles et des patriciens. Telle fut l'origine des tribuns, dont nous aurons occasion de parler.

Les sénats, dont les membres sont permanens, les nobles, dans l'état, tendent donc au despotisme, tout aussi bien que les rois.

CHAPITRE V.

Des républiques, gouvernées par des sénateurs amovibles.

CETTE forme de république, très-rare parmi les anciens peuples, n'est guères en vogue que depuis peu. Autrefois, c'était presque toujours un sénat permanent, qui était spécialement chargé de l'exécution des lois, et deux ou un plus grand nombre de ces membres, avaient la grande police, le commandement des armées, etc. Ces magistrats étaient souvent renouvellés; parce que les sénateurs, plus éclairés que les peuples qu'ils gouvernaient, connaissaient le danger de laisser long-tems le pouvoir dans les mêmes mains. Les sénateurs avaient bien soin de persuader qu'il était utile à l'état qu'ils fussent permanens; mais ils étaient trop fins pour placer à leur tête des chefs inamovibles.

C'est l'Histoire des républiques de la Grèce et de Rome, c'est celle de tous les peuples, qui nous apprennent que sous des chefs amovibles, la liberté publique s'est plus long-tems conservée; et que les droits de chaque citoyen ont été mieux respectés; car il ne faut pas juger de l'état de ces républiques, par celui de la France, encore dans les crises d'une révolution terrible, où toutes les passions sont portées à l'extrême, où la soif de la vengeance brûle tous les cœurs, et tient toujours les partis en présence : ah ! sans doute, viendra le jour où cet acharnement cessera; où toutes les passions se confondront dans une seule, l'amour de la patrie; la douce humanité reprendra ses droits, aujourd'hui si méconnus : il ne sera pas loin, ce jour à desirer, si les fonctionnaires publics sortent de leur apathie, et se prononcent avec vigueur contre tous les assassins, tous les actes arbitraires, tous les crimes, en un mot, qui compromettent la sûreté individuelle et le sort de la république.

Je dis que la liberté publique et individuelle est plus assurée dans les gouvernemens, où les fonctionnaires sont soumis à des renouvellemens rapprochés; parce que les ambitieux ne restant que peu de tems en place, ont moins de loisir pour préparer les ressorts de l'intrigue, et parvenir à leur fin. Hors de place, ils n'ont plus de puissance, beaucoup moins de moyens de corruption. Les intrigans, qui appartiennent toujours à l'homme puissant, lui tournent le dos quand il n'est plus rien, et présentent leur encens sur d'autres autels. Celui qui, dans un tel état, veut dominer, trouve, dans ses égaux, une foule de rivaux, qui l'observent, l'épient, et le font succomber. Veut-on un exemple de la sécurité dont on jouit dans ce gouvernement? veut-on un exemple de sa stabilité? qu'on jette les yeux sur la petite république de S. Marin, elle existe toujours la même depuis treize cents ans. Ce n'est pas que les ambitieux ne réussissent quelquefois; mais le plus souvent, le supplice est le prix de leurs tentatives.

Les dangers à craindre pour la liberté, dans cette forme de république, ne viennent que de la part des sénateurs, ils peuvent, ou se rendre permanens, ou vendre la patrie à un maître. Pour parvenir à l'un ou l'autre de ces deux buts, il leur faut violer la loi de l'élection, et fomenter la division entre les citoyens, afin de les séparer en différens partis. A l'aide des uns, ils écrasent les autres; pervertissent toutes les notions de justice, dépravent, avilissent tous les principes de l'ordre et du contrat social; et quand ils ont ainsi abruti le peuple, quand ils ont enflammé ses passions, il n'est pas difficile de l'enchaîner. Son aveuglement sert à forger ses fers. Les sénateurs, alors, ne manquent pas de raisons plausibles pour se conserver toujours dans leurs fonctions, ou livrer l'état au joug d'un despote. S'ils se croyent assez forts pour braver ouvertement la puissance du peuple, et usurper le pouvoir, ils se déclarent permanens, par un décret public, sans employer de subterfuge : si l'énergie populaire les épouvante encore, s'ils ont à craindre que le courage des amis de la liberté, n'arrache de leurs mains le sceptre aristocratique, et ne les punisse de leur ambition, ils se contentent d'ajourner les élections, de reculer l'instant de leur renouvellement. L'intérêt public, le bien de l'état est toujours le motif dont ils cherchent à masquer leur plan; ils louvoyent ainsi jusqu'à qu'ils puissent se prononcer hautement. Nous dirons comment on empêche ce double inconvénient.

CHAPITRE VI.

Des républiques et des monarchies, comparées ensemble.

Il est toujours plus difficile à tout un sénat de devenir despote, qu'il ne l'est à un seul chef. En effet, dans les états républicains, la fortune publique, même à territoire égal, doit être moins considérable que dans les monarchies; 1°. parce que les charges moins payées, on a besoin de moins d'impôts, 2°. parce qu'en tems de paix, il n'est pas nécessaire d'y entretenir de nombreuses armées; puisque tout citoyen est soldat. La fortune publique étant moins considérable, le sénat ou les gouvernans ont moins d'argent à leur disposition. Ils ont donc moins de moyens de corruption.

Ordinairement, dans les monarchies, le roi seul dispose des emplois les plus brillans, les plus lucratifs. Il n'en est pas ainsi dans la république; autre source de corruption de moins.

Le sénat ne dispose de la fortune publique,

que d'après un décret que le peuple ne peut manquer de connaître. Il apprend aussi les motifs qui l'ont dicté, et quels sont les membres qui l'ont proposé. Il ne tarde pas à soupçonner si le sénat divertit les deniers de la nation, pour conspirer contre lui. La publicité que donne aux décrets la forme d'un gouvernement, ou toutes les affaires sont résolues à la majorité des suffrages, la crainte d'un mécontentement public, les funestes effets qui en sont les suites, sont autant de frein à l'ambition des sénateurs. Un roi, au contraire, n'a besoin que de sa volonté, qu'il peut envelopper des ombres du mystère, pour disposer des revenus de l'état. Il sème la corruption dans le secret, et s'attache de nombreux partisans, avant même d'en être soupçonné.

La jalousie, les dissentions, qui s'élèvent entre les sénateurs, et qui ont toujours lieu dans une assemblée nombreuse, où personne ne se soucie d'être dominé par ses égaux; mais où chacun veut jouir d'une certaine prépondérance, et primer à son tour; la faveur populaire dont on a besoin pour y parvenir, arrêtent ordinairement le sénat dans sa marche ambitieuse; donnent au peuple le tems de se reconnaître, de résister à l'oppression. Ainsi, jusques dans le sein même du sénat, les sénateurs rencontrent des obstacles à leur ambition.

Dans une monarchie, tous les citoyens savent fort bien qu'ils ne peuvent s'élever aux honneurs, qu'en méritant les bonnes graces du monarque. Les hommes en place savent aussi que lui plaire, est la voie la plus certaine pour conserver, étendre leur autorité, et s'enrichir. Ils n'ignorent pas, que plus il aura de pouvoir, et plus il leur en communiquera. En lui résistant, les persécutions les attendent. Tous, pour peu qu'ils soient avides de richesses, ambitieux de puissance, se font une étude de mériter ses bienfaits. Loin de s'opposer à l'extension de la prérogative royale, ils la favorisent autant qu'il est en eux : car presque tous les hommes, n'ont d'autre règle de conduite que le pur égoïsme. C'est le mobile secret et unique de leurs actions. Ils deviennent, bas, rampans, flatteurs, souples, quand ils ne peuvent parvenir autrement. Combien il en est peu, en qui la vue du bien public soit le seul motif de leurs actions. Ce qu'il y a de plus affligeant, c'est que les monarques, avec les meilleures intentions de se renfermer dans de justes limites, suivent rarement ce généreux dessein. Leurs conseillers, leurs ministres, leurs favoris, qui vivent de la misère du peuple, et jouissent de ses souffrances, ont besoin de l'impunité, et l'obtiennent, à la faveur du pouvoir arbitraire. Ils l'excitent donc sans cesse à les franchir. Ils lui persuadent que ce pouvoir est nécessaire à l'intérêt même de son peuple, afin que rien ne l'empêche de faire le bien. En sorte que toute la différence, selon Rousseau, que nous montre l'histoire, entre les bons et les mauvais rois, c'est que ceux-ci sont eux-mêmes les oppresseurs, et que les bons rois le deviennent par leurs préposés, lors même qu'ils veulent le bien.

Dans les républiques, au contraire, pour parvenir, et mériter de la considération, il faut se rendre populaire, devenir affable. C'est le peuple qu'il faut courtiser, c'est la patrie qu'il faut servir; loin de chercher à l'écraser, comme dans les monarchies, on est obligé de travailler à la rendre heureuse. Au lieu de vexer ses semblables, par des actes arbitraires, pour complaire au monarque, ont est forcé de se rendre leur défenseur, contre les gouvernans et les magistrats qui les oppriment. C'est à ce prix que l'on obtient la palme, et qu'un peuple, vraiment libre, vous honore de ses suffrages.

Dans les monarchies, on s'élève aux grandeurs en attaquant la liberté publique; dans les états républicains, ce n'est qu'en la défendant qu'on les mérite.

Enfin, les républicains sont moins portés à une obéissance aveugle, que les individus, vivans sous la monarchie. On est moins ébloui de l'éclat qui accompagne le sénateur, que de celui que projette le roi. Le sénateur, hors du sénat, rentre dans la classe commune, sans autre costume que celui de tout autre citoyen, ou du moins la différence n'en est pas éblouissante. Le roi, toujours accompagné de pompe, quand il se montre en public, paraît comme infiniment élevé au-dessus des autres, ce qui lui attire un respect et une considération, qui agissent puissamment sur l'esprit de la multitude, et le dispose à une soumission servile.

Telles sont les raisons, qui, donnant aux peuples des républiques, le tems d'appercevoir les fers qu'on leur prépare, les irritent, les soulèvent contre les sénats, qui, obligés de céder, perdent en un instant le fruit de plusieurs années d'intrigues. Le dépôt de la liberté est donc plus sûr dans les républiques que dans les monarchies. Montesquieu, dans son Traité de l'Esprit des Lois, après avoir fait l'éloge du gouvernement républicain, et la satyre la plus sanglante de la monarchie, termine ainsi : « les républiques vont se perdre dans les » monarchies, et les monarchies dans le des» potisme ». C'est là une vérité confirmée par l'histoire de tous les peuples. Il faut en conclure que les républiques sont préférables aux monarchies ; puisqu'elles sont plus éloignées du despotisme.

Mais, dira-t-on, le même gouvernement ne convient pas à tous les pays. Un grand peuple ne peut être gouverné qu'en monarchie ; une république n'est avantageuse qu'à un état peu étendue : car l'activité du gouvernement doit être proportionnée à la grandeur du pays ; elle doit être d'autant plus grande que ce pays est grand ; or, un seul a une volonté plus rapide que plusieurs ; donc, dans un grand pays, le gouvernement doit être monarchique.

Je conviens qu'un seul a une volonté plus rapide ; mais pour bien régir un pays, il ne suffit pas d'une volonté rapide, d'une grande activité, il faut encore que cette volonté soit sage ; il faut que l'activité soit éclairée ; or, dix, vingt, trente ou quarante personnes choisies, émettront presque toujours une volonté plus sage, qu'un seul homme, sur tout quand il règne par le hasard de la naissance. Ils sont plus en état de connaître les agens dont ils se servent, de les surveiller, de leur faire rendre compte. Ils le peuvent d'autant plus facilement, qu'en se partageant le travail, ils en sont moins accablés. Enfin, il y a nécessairement une plus grande masse de connaissance dans la réunion d'un certain nombre de personnes choisies, que l'on change quand on n'en est pas content, que dans un seul individu que l'on est obligé de garder. Au lieu de dire qu'un grand pays doit être gouverné par un seul homme, le simple bon sens indiquait le contraire. En effet, on a besoin de moins de connaissance pour gouverner un petit pays. Un seul peut en avoir assez pour cela, tandis qu'il n'aura pas toutes celles qu'exige un état d'une grande étendue, et d'une population nombreuse.

De quelles vastes connaissances, de quel savoir ne faut-il pas être orné pour bien gouverner un pays aussi immense, aussi populeux que la France, et en rapport avec presque tous les habitans du globe? Que de parties ne faut-il pas connaître? Par quel miracle un seul individu, élevé à la manière des rois, les possédera-t-il toutes, quand la vie de l'homme suffit à peine pour en bien posséder une? Il faut sur tout connaître les hommes, et ce n'est pas le plus aisé.

Répondra-t-on qu'un chef unique ne peut, à la vérité, administrer par lui-même, mais qu'il a sous lui plusieurs ministres, dont chacun est chargé d'une partie de l'administration ; alors, je fais ce dilemme : où le roi doit connaître toutes les branches de la science du gouvernement, pour surveiller ses ministres avec fruit, ou il doit s'en rapporter à eux; or, nous avons vu qu'il était impossible qu'un seul homme, élevé sur tout comme le sont les rois, pût être assez instruit pour cela ; et quand même il le serait, il ne pourrait pas avoir assez de tems pour le faire, il doit donc s'en rapporter à ses ministres; et voilà ce qui arrive toujours; en sorte que les vrais gouvernans sont les ministres et non les rois. Donc, il est faux de prétendre que l'on ne peut se passer de roi, puisque dans le fait, ce ne sont pas eux qui gouvernent. Ainsi, avancer qu'un grand pays ne peut être gouverné que par un roi, c'est dire une absurdité : car, je le répète, ce sont leurs ministres, et non eux qui gouvernent. Voilà ce que nous apprend l'observation de tous les tems.

Les écrivains royaux, pour donner la préférence à, la monarchie, ont toujours soin de supposer à la tête du gouvernement, un homme sans passion, ou plutôt uniquement animé de la passion du bien public, sans ambition, plein de grands talens, orné de profondes connaissances, doué de l'art difficile de deviner les hommes, d'un tempérament surnaturel pour suffire à un travail immense, et suivre le fil de la vérité dans le dédale des affaires. C'est d'un ange, en un mot, dont ils ont soin de faire un roi. Que le créateur se plaise à former des êtres aussi parfaits, et les place toujours pour chefs des nations, point de doute alors que le régime monarchique ne l'emporte sur tous les autres. Mais ces bénévoles écrivains, font semblant de ne pas s'appercevoir qu'ils encensent une idole, qui n'a de réalité que dans leur tête, et qu'ils imaginent des hommes tels qu'il n'en a jamais existé. La nature en est trop avare, et n'en produit pas de semblables. Ils ne sont ni des dieux ni des anges; et quand, dans l'étendue des siècles, elle nous en offrirait quelques uns, sera-ce précisément sur le trône qu'elle ira les placer ou les faire naître?

Plus est grande l'autorité dont le gouvernement est revêtu, plus les chefs ont le moyen de nuire à la liberté publique; or, quand le gouvernement est perpétuellement confié à un seul homme, sur tout dans une grande nation, il lui faut une autorité considérable, toute celle qui est nécessaire pour donner le mouvement à un grand état, et pourvoir à sa sûreté. Donc, quand un seul individu est chargé du gouvernement, dans une grande nation, qu'il en est chargé toute sa vie, il a besoin d'une autorité qui devient funeste à la liberté publique : un peuple qui en est jaloux, des citoyens attachés à leurs droits, ne doivent donc pas charger un seul homme, pendant toute sa vie, du soin du gouvernement. Un tel peuple ne doit pas avoir de roi.

Si on donne au monarque une grande puissance, il s'en sert pour devenir despote; si on lui en accorde peu, il met tout en usage pour l'augmenter, soit en arrêtant les rouages du gouvernement, ou en ralentissant la marche, afin d'obliger la nation de l'accroître; soit en semant la corruption, en frappant des coups arbitraires, ou par d'autres moyens analogues. C'est ce que prouvent les articles historiques, cités plus haut.

Si l'on veut l'égalité entre tous les citoyens d'un empire, en sorte qu'il n'y ait de distinction que pour les talens et la vertu, elle est impossible avec un roi. Il n'ira pas chercher les talens et la vertu, enfouis parmi les citoyens; quand il le voudrait il ne le pourrait pas. Qui lui donnera ce talent si difficile pour distinguer le mérite réel, qui se cache, du mérite apparent, toujours prêt à se montrer; la probité, fière et modeste, de l'adroite hypocrisie? Comment aura-t-il le tems de vaquer aux affaires publiques dont il est surchargé, et de se répandre par tout, afin de voir par ses propres yeux, d'entendre par ses propres oreilles, et découvrir la vérité, que ses alentours ont si fort intérêt de cacher? Ce sera sur ses courtisans, sur ceux qui l'approchent, qu'il versera ses faveurs. Ce sera avec des flatteurs, avec les ministres de ses plaisirs et de ses caprices, qu'il dissipera les trésors de l'état, le produit des sueurs du reste des citoyens. On pourra bien ne plus avoir de citoyens privilégiés par les parchemins, ayant le droit d'être seul en possession de tous les emplois; à leur place ce sera une tourbe de courtisans, qui se partageront les places, et en disposeront comme d'une propriété. Il faudra devenir aussi rampans qu'eux-mêmes; être leurs bas valets, les courtiser à leur tour pour avoir part à leur fortune;

ainsi, dans les monarchies, on s'abrutit, on se dégrade ; la fierté, la grandeur d'ame s'éteint ; et les fonctions publiques deviennent la proie de l'intrigue, l'égalité disparaît, la corruption pénètre tous les états.

Ces mêmes inconvéniens ont aussi lieu dans tout gouvernement, où quelques hommes disposent arbitrairement de tout ; ils se montrent aussi dans les républiques, plus difficilement à la vérité, quand les gouvernans veulent trancher des rois ; mais, au moins, on a l'avantage d'y remédier par l'amovibilité des fonctionnaires.

CHAPITRE VII.

Des gouvernemens, qui ont du rapport avec la royauté.

TOUT ce que nous venons de dire du gouvernement d'un seul, sous le titre de roi, doit également s'appliquer au gouvernement impérial, au protectorat, au stathoudérat, à la dictature, au proconsulat même. C'est toujours un seul qui gouverne.

Le dictateur, à Rome, était un magistrat revêtu de la souveraine puissance. Il avait le droit de vie et de mort ; décidait des affaires comme bon lui semblait, et n'était responsable de sa conduite à personne. On ne créait un dictateur que dans les grands dangers de la république; et cette institution ne fut imaginée par le sénat, que pour en imposer au peuple. Les sénateurs, plus dévoués à la patrie qu'à l'esprit de domination, n'en était pas les partisans. Un pouvoir si absolu pouvait devenir dangereux à la liberté publique. Aussi, n'était-il conféré que pour six mois. L'amour de la liberté, chez les premiers Romains, était une passion si puissante, que l'on a vu des dictateurs se dépouiller de cette dignité, par la crainte d'en abuser, long-tems avant le terme que la loi leur marquait. Cincinnatus, après avoir sauvé Rome, s'empressa d'abdiquer la dictature, au bout de quinze jours d'exercice, et de revenir à la charrue.

Lorsque la misère des plébéïens et la cupidité des grands, eurent corrompu les Romains, au point de les faire courber sous un maître; ils ne pouvaient se faire encore au nom de roi; mais ils supportèrent patiemment le joug de César, d'Auguste et de leurs successeurs, sous le titre d'empereur. On ne peut s'empêcher de sourire de pitié, en voyant le peuple Anglais vouer la royauté à l'exécration, faire monter

Jacques Ier. à l'échafaud, et cependant, courber paisiblement la tête sous le despotisme de Cromwel. L'aveugle vulgaire détestait le nom de roi, et Cromwel se faisait appeler protecteur. Tant il est vrai que la magie des mots, en impose à la multitude.

Quand le peuple Romain eut soumis, par la victoire, les peuples de l'Europe, le sénat les fit gouverner par un de ses membres, sous le titre de proconsul. Il se réservait d'en surveiller la conduite ; mais cette surveillance devenait nulle par la distance des lieux. Les proconsuls se livraient, dans leur gouvernement, aux vexations les plus atroces, en rapportaient des richesses immenses, et en achetaient l'impunité de leurs forfaits. Quels dangers avaient-ils à courir, jugés par un sénat dont la plupart des membres avaient rempli de semblables missions, et exercé de pareilles concussions ? Ils en étaient quittes pour être rappelés; et venaient reprendre dans le sénat les fonctions de sénateurs.

CHAPITRE VIII.

De l'avantage des républiques où règne l'égalité.

QUAND, dans la constitution d'une république, se trouve un ordre distingué, tel que l'ordre de la noblesse, ou une classe particulière d'hommes, dont le privilège est d'exercer les premières fonctions de l'état, il s'établit nécessairement entre les citoyens une division, dont le résultat est presque toujours funeste. Les nobles, ou ces privilégiés, regardent les emplois publics comme leur appanage, et le peuple comme né pour leur être soumis. Ils deviennent hauts, vains, insolens et despotes. Le peuple, à son tour, irrité de leur orgueil, les regarde d'un œil ennemi et jaloux; il cherche à les mortifier, à détruire leur puissance; il se soulève. Ainsi, l'état est sans cesse déchiré par des guerres intestines; à moins que les nobles et les privilégiés ne réussissent à l'opprimer entièrement, ou qu'ils n'en soient écrasés.

Il n'en est pas ainsi d'une république, dont tous les citoyens sont égaux, et ne peuvent être promus aux magistratures que par leur choix mutuel. Ceux qui les désirent, se rendent doux, affables et serviables. Le tigre, alors, s'adoucit, et devient mouton.. Ce riche, orgueilleux de ses richesses, a-t-il des prétentions au suffrage du peuple? comme il est populaire, comme il serre avec aménité la main de l'ouvrier, et de ce pauvre voisin, sur lequel autrefois, il eût dédaigné de laisser tomber un regard! Le savant, enflé de son savoir, quitte son air pédantesque, se rapproche de l'ignorant, et lui fait sa cour pour obtenir son vœu. Ainsi, dans le régime de l'égalité, les hommes se rapprochent, se dépouillent d'un orgueil barbare, se traitent avec fraternité.

Ce gouvernement est favorable aux riches comme aux pauvres. Quand les charges de l'état appartiennent à des familles nobles, les richesses ne servent de rien pour les acquérir, si elles ne sont soutenues de la noblesse. Les riches roturiers trouvent dans les nobles des maîtres, dont ils sont obligés de supporter la morgue et d'endurer les affronts. Dans le régime de l'égalité, ce sont eux, au contraire, qui jouent le plus beau rôle : car, le vulgaire, ébloui par le faste des riches, content de trouver sa subsistance dans leur grande dépense, est enclin à les porter aux places, préférablement à tout autre. Les riches ont le tems de s'instruire dans la science du gouvernement, d'acquérir des connaissances qui les distinguent de la foule. Ils peuvent donner à leurs enfans une éducation brillante. Ce sont là encore des avantages pour appeler sur eux et leurs descendans, les suffrages de leurs concitoyens. Quelle est donc leur extravagance, de haïr un gouvernement, où ils ont l'avantage d'être dans le premier rang, pour en désirer un autre, où ils ne seraient que les sujets soumis des nobles et des grands ? Doit-on regretter quelques sacrifices pécuniaires pour acquérir la plus haute prépondérance ? mais dans une autre ordre de choses, ne leur en faudrait-il pas faire ? qui fournirait l'argent dont on aurait besoin, si ce n'est celui qui en possède ? les bourasques des révolutions passent, et ne durent pas toujours. Elles amènent d'ordinaire un meilleur ordre de choses, plus favorable à tous, quand on ne s'en laisse pas effrayer au point de perdre courage, et de rétrograder.

Les citoyens, peu fortunés, s'en trouvent bien aussi. Outre qu'ils sont traités avec beaucoup plus d'égards ; ils ont la faculté de parvenir à tout. Ils peuvent porter leur prétention jusqu'au places les plus éminentes de l'état.

Ils ont l'espoir de voir un jour leurs enfans illustrer leurs noms, et se couvrir de gloire; car, si les richesses servent à l'élévation, le mérite et la vertu en sont les premiers titres. Les hommes de génie, dans ces républiques, occupent tôt ou tard le poste qu'ils méritent. Il faut l'avouer, cependant, les riches y jouissent de plus d'avantages que les pauvres. Comment donc se fait-il que ce soient ces derniers qui y tiennent le plus? c'est bien le cas de s'écrier : ô ! *cæcitas hominum.*

Il est un autre bienfait de ce gouvernement; que j'apprécie infiniment, et qui ne se trouve ni dans la monarchie, ni dans les républiques aristocratiques; c'est quand le magistrat sort de place, et vient se placer à côté de moi, dans la foule commune; s'il m'a outragé lorsqu'il était puissant, rien ne m'empêche alors de lui faire sentir toute l'indécence de sa conduite, et de verser sur lui tous les dégoûts dont il m'a abreuvé. Pouvait-on se livrer à cette vengeance sous l'ancien régime? Insulté gravement par un duc et pair, un ministre, un prince du sang, etc. il fallait se taire, dévorer l'injure, sans mot dire, sans espoir de s'en venger, et se donner de garde d'offenser sa grandeur par le plus léger signe de mécontentement. Un archevêque, de la maison de Rohan, se délassait dans ses terres, à fusiller comme des lapins, les paysans, les bourgeois et les petits gentilshommes qu'il surprenait à y chasser. Qu'en résulta-t-il à son désavantage? Rien. Nos grands seigneurs enlevaient publiquement de jeunes bourgeoises à leurs familles pour les sacrifier à leur luxure, et en étaient quittes pour les renvoyer à leurs parens, quand ceux-ci étaient assez heureux d'être écoutés dans leur plainte. Est-ce là un régime à regretter? Que ceux à qui profitaient de tels abus, s'agitent pour y revenir encore, à la bonne heure; mais que les classes qui en étaient victimes les secondent dans leurs projets, n'est-ce pas le comble de l'extravagance? On leur promet que tout cela n'aura plus lieu; mais il faut bien les allécher. Prendrait-on le poisson à l'hameçon, s'il ne s'y trouvait une amorce? Le malade ne va échanger son argent, contre la drogue pernicieuse du charlatan, que parce que celui-ci lui assure sa guérison. Quel est le directeur aujourd'hui, quel est le représentant du peuple, le magistrat, qui oserait se permettre de semblables excès; et quel est le citoyen qui ne s'en vengerait sur l'heure? Quel tribunal refuserait d'informer sur un délit notoire de ce genre? qui oserait le lui défendre. Dans l'ancien régime, les parlemens même ne pouvaient en connaître. Un ordre royal, la crainte d'encourir la vengeance des familles puissantes, paralysaient leur bonne volonté.

CHAPITRE IX.

Du vice des républiques fédératives.

C'EST pour résister efficacement à des voisins ambitieux et puissans, que de petites républiques consentent à se prêter un appui mutuel, et qu'en se gouvernant chacune par des lois particulières, elles envoient des députés pour former une confédération, laquelle est chargée des réglemens généraux, et de terminer les affaires qui intéressent l'ensemble de ces républiques. Les différens peuples de la Grèce avaient leur gouvernement particulier, mais ils formaient une ligue pour la défense commune, et tous les quatre ans, ils envoyaient, à une confédération générale, des députés de chaque état, chargés de pleins-pouvoirs. C'est à Olympie qu'ils se réunissaient, et traitaient des affaires de la ligue. Les états-unis de l'Amérique, sont autant de républiques fédératives. Les cantons Suisses sont encore des républiques de ce genre.

Le vice de cette confédération saute aux yeux; et la force que ces républiques croient retirer de leur union, n'est pas, à beaucoup près, celle qu'elles auraient, à n'en former qu'une seule. Tout état pour se conserver, au milieu de voisins puissans et jaloux, doit avoir un seul centre d'action, qui puisse en parcourir rapidement tous les points, sans trouver de résistance. Des troubles intérieurs viennent-ils à éclater, alors les chefs, placés à un centre unique, peuvent rassembler promptement les forces disséminées, pour les arrêter à leur naissance? L'ennemi extérieur vient-il fondre à l'improviste sur une partie du territoire, ils sont à même, en donnant des ordres, rapidement exécutés, de lui opposer une résistance suffisante. Si, au contraire, cet état est divisé en plusieurs autres, en sorte que chacun ait son gouvernement particulier, il y a autant de centre d'action qu'il y a d'états. Si les chefs suprêmes de la confédération donnent des ordres, quelques uns de ces états obéiront, d'autres refuseront de le faire, d'autres, enfin, demanderont du tems pour examiner. Dans ce cas, les chefs suprêmes ne réuniront que peu de forces à la fois, qui ne suffiront pas pour résister à un ennemi puissant. Cependant, il fait des progrès, bat celles qu'on lui oppose; et quand tous ces états confédérés se décident, enfin, à fournir leur contingent, il n'est souvent plus tems.

Que fait un ennemi adroit, avant de déclarer la guerre, ou de faire une incursion sur celle de ces républiques qu'il veut attaquer. Il travaille les autres, s'y fait des partisans, les met de son côté, excite leur jalousie contre celle-là, et s'assure qu'elles ne prendront point part dans la querelle. Ainsi divisées, il ne lui est pas difficile de les détruire successivement. Quand les rois de Perse déclaraient la guerre à quelques états de la Grèce, ils avaient toujours soin de détacher les autres de la confédération, et de les faire rester neutres, ce qu'il ne leur était pas difficile d'obtenir. C'est aussi en les isolant, que Philippe, roi de Macédoine, parvint à les écraser successivement, et à soumettre la Grèce.

Les États-Unis de l'Amérique n'ont pas à craindre ce danger, à raison de leur éloignement des puissances de l'Europe, et de la faiblesse des peuples qui les avoisinent. Ce qui, jusqu'ici, a fait la sûreté des cantons Suisses, c'est l'intérêt même des états voisins, qu'ils soient une puissance particulière, et qu'aucune autre ne la subjugue. Je pourrais relever d'autres défauts dans cette forme de république, mais ceux-ci suffisent pour en démontrer la difformité.

CHAPITRE X.

La liberté se perd aussi dans les républiques.

TOUTES les institutions, quelques sages qu'elles soient, se détruisent à la longue, par les passions des hommes. Il n'en est pas qui ne renferment en elles-mêmes un vice caché, que développe le tems. L'ouvrage des humains est toujours marqué au coin de la fragilité, et périt avec eux. Aussi, les républiques de la Grèce, de Rome, de Carthage, ont succombés. Leur liberté s'est ensevelie dans le tombeau du despotisme. Que sont aujourd'hui, ces Romains, autrefois si fiers, si courageux, si amans de la liberté, si pleins de l'amour de la patrie, qui brisaient le sceptre des rois, et en faisaient leurs esclaves ; qui donnèrent des lois au monde entier? Lâches, efféminés, fourbes et fanatiques, vils esclaves d'un prêtre, ils rampent devant des moines; et les Gracques, les Scipions, les Catons, les Cicérons, leur parlent en vain du haut du capitole; ils lisent les triomphes de ces grands hommes, ils voient les monumens de leur gloire, et ne savent pas les entendre. Peuples de la Grèce, enfans d'Hercule, de Thésée, de Solon, de Lycurgue, vous dont les ancêtres ne pouvaient se faire à l'idée de la servitude, et dont l'intrépidité était redoutée des rois les plus puissans; dans votre sein, pullulaient les héros, les hommes de la vertu la plus pure; vos républiques étaient la patrie de l'égalité, des sciences et des arts. Quel changement! Enervés sous le joug d'un despotisme intolérable, mous, abrutis par la plus crasse ignorance, on doute que vous soyez les descendans de ces Grecs fameux.

TITRE QUATRIÈME.

CHAPITRE PREMIER.

Du despotisme.

LE despotisme est l'accumulation du pouvoir législatif, exécutif et judiciaire. Celui ou ceux qui réunissent ce triple pouvoir, sont appelés despotes. Cette réunion constitue le pouvoir absolu.

Le despotisme, selon qu'il est exercé par un

seul chef, par plusieurs ou par la multitude, constitue le despotisme d'un seul. Le despotisme aristocratique, le despotisme populaire.

Les républiques libres, vont se perdre dans ces trois espèces de despotisme. Il en est un autre encore, que j'appelle le despotisme conventionnel, dont je parlerai plus bas.

CHAPITRE II.

Comment s'établit le despotisme aristocratique.

OU la multitude succombe dans une insurrection contre la puissance des sénateurs, ou, faute, par son aveuglement et son imprévoyance, de saisir, après la victoire, le juste milieu qui assure ses droits, elle se contente de la condescendance du sénat; lequel plus instruit par l'expérience du passé, et toujours plus habile, prend d'autres voies et la subjugue enfin. Alors, la république se perd dans le despotisme aristocratique. Venise en est un exemple parlant.

CHAPITRE III.

Preuve prise de l'histoire de Venise.

LES Vénitiens, dispersés sur plusieurs petites îles, situées au fond du golphe Adriatique, où

Ils s'étaient réfugiés, en fuyant de Venètes, pays d'Italie, pour échapper à la férocité d'Attila, nommèrent d'abord des tribuns annuels pour les gouverner. On comptait autant de tribuns que d'iles. Chaque tribun était comptable de son administration à l'assemblée générale de l'île qu'il gouvernait. Chaque île était souveraine; mais elles s'étaient unies pour la défense commune, par une espèce de ligue ou de communauté. Sous ce sage gouvernement, les Vénitiens furent libres, tranquilles et heureux. Ces petites républiques démocratiques virent beaucoup d'étrangers venir s'établir dans leur sein pour partager le calme dont elles jouissaient. A la longue les tribuns parvinrent à prolonger leur autorité, et à supprimer les assemblées générales. Ils indisposèrent ces petites iles les unes contre les autres. Affaiblies par leur division, elles n'offraient plus qu'un faible rempart aux attaques des peuples ennemis.

Les Vénitiens, éclairés sur le danger de leur gouvernement fédératif, se réunirent tous en une assemblée générale, composée de députés de chaque île. Ils crurent mieux faire de changer la forme du gouvernement, et de créer un chef à vie, qui, sous le titre de doge ou de duc, exercerait, sur toutes les îles, une puissance absolue; et son inspection sur tous les tribuns. Dans la suite, on établit des communications entre ces îles; et elles n'en formèrent plus qu'une seule, qui retint le nom de Venise. Les doges eurent long-tems la souveraine puissance. Cette dignité était élective. Le premier et le second doge justifièrent assez bien le choix du peuple. Il n'en fut pas de même des autres. Ils furent sans cesse aux prises avec la nation, qui punissait leur tyrannie par la mort, ou la perte de leurs yeux. C'était par des soulèvemens subits et impétueux de la multitude, que les doges étaient précipités du faîte de la grandeur, dans le comble de la misère. Ce mode violent de les réprimer, fut quelque fois fatal à des doges, bons citoyens, et utile à des factieux; mais ce peuple n'avait que ce moyen pour échapper à leur tyrannie.

En 1173, la forme du gouvernement fut encore changée: la ville avait été ravagée par la peste. Le doge Michieli venait d'être tué dans une émeute. Le seul tribunal qui était stable, la *quarantie*, composée de quarante juges, dont les fonctions étaient de rendre la justice au civil et au criminel, résolut de fixer des limites à la puissance du doge, et de régulariser la souveraineté du peuple, en jettant les bases d'une constitution représentative. En conséquence, elle proposa plusieurs réglemens qui furent acceptés des Vénitiens. Par le premier, chaque quartier de la ville nommait deux électeurs, pris indistinctement sur tous les citoyens. Les six quartiers de la ville répondant aux six petites îles d'autrefois, élisaient aussi douze électeurs. Ces électeurs nommaient le grand conseil, composé de 460 citoyens, choisis entre tous, sans distinction. Les fonctions du grand conseil étaient de faire les lois, d'élire le doge et le sénat. Ses membres étaient renouvellés tous les deux ans. Jusques-là, les doges avaient pour conseillers les tribuns de chaque île ou de chaque quartier, qu'ils nommaient eux-mêmes; mais, par le second réglement, il leur fut adjoint six conseillers, que désignait le grand conseil, et sans la participation desquels le doge ne pouvait rien entreprendre. Ce conseil du doge était qualifié de seigneurie. Le sénat, appelé *prégadi*, et formé de 60 membres, que le grand conseil choisissait dans son sein, et renouvelait tous les ans, étoit chargé de traiter de toutes les affaires d'état.

Venise, ainsi constituée, l'autorité du doge

ainsi bornée, fut dévolue successivement à deux citoyens, à Riani et à Jean Dandalo. Après la mort du premier, le grand conseil créa deux nouvelles magistratures, sans le consentement du peuple, l'une pour juger les différens entre les citoyens et les étrangers, l'autre pour décider de la compétence des tribunaux, suivre les délits contre les lois, et s'opposer à la publication et à l'enregistrement de toute ordonnance opposée au bien public. Trois citoyens, sous le nom d'*avoyadors*, exerçaient cette magistrature. Les grands conseillers s'attachaient à éloigner peu-à-peu la masse des citoyens de l'administration des affaires. Les mêmes membres avaient soin de se faire réélir pour se perpétuer dans le pouvoir. Le peuple éclairé sur leurs desseins, ne voulut pas leur laisser la nomination du successeur de Dandalo. Il fit un choix autre que le leur. Mais le doge qu'il avait élu, n'osa résister au grand conseil, il s'éloigna de Venise. Le peuple tint bon d'abord pour le choix qu'il avait fait. Ensuite il se lassa ; la persévérance et les intrigues des conseillers l'emportèrent. Enhardis par cette première victoire, ils décidèrent le doge Gradonico, qu'ils avaient élu contre le vœu du peuple, à rendre une ordonnance pour maintenir, à perpétuité, dans le grand conseil, eux et leurs descendans. Le reste des Vénitiens, dès ce moment, ne fut compté pour rien. Ainsi, leur audace et la condescendance du peuple, consacra dans Venise le despotisme aristocratique.

Un valeureux citoyen, nommé Bocconio, conçut le généreux dessein de vanger sa patrie de l'usurpation du grand conseil ; mais son projet fut découvert avant d'éclater. On le prévint ; on fit périr le même jour un grand nombre de conjurés. Les nobles, comme le reste des citoyens, étaient exclus du grand conseil, et privés de participer à la souveraineté. Ils fomentèrent à leur tour ; se mirent à la tête d'une nouvelle conjuration. Le secret en fut gardé jusqu'au moment même de l'exécution. Déjà les républicains se réunissaient pour attaquer les oppresseurs de la patrie, quand le doge en fut instruit à tems. Il fit armer les siens. Les deux partis en vinrent aux mains; mais la victoire fut infidelle à la cause de la liberté. Les défenseurs des droits du peuple succombèrent. Ceux qui échappèrent au glaive pendant le combat, furent jugés comme traîtres et punis de mort. Ainsi, la hideuse aristocratie, après avoir jeté dans Venise les fondemens de sa puissance despotique, en foulant aux pieds la constitution de l'état, acheva de l'établir sur les cadavres des meilleurs citoyens, et de la cimenter de leur sang. Ce Gradonico, cet infâme doge, pour découvrir tous les complices de la conjuration, fit créer un tribunal extraordinaire, composé de dix membres, chargés d'informer contre eux dans le secret.

Telle est l'origine du tribunal des dix, dit de l'inquisition, qui fut ensuite conservée à perpétuité, parce que le grand conseil ne trouva pas de meilleure sauve-garde de son despotisme. Il était réservé à l'aristocratie, d'imaginer un tribunal aussi exécrable. Les commissions militaires, toutes terribles, toutes expéditives qu'elles sont, n'ont encore rien d'approchant. Les inquisiteurs n'avaient pas seulement le droit d'informer secrètement, ils avaient aussi celui de faire mourir sans en donner de motifs. Vous étiez arrêtés, jugés, condamnés, sans même savoir de quoi l'on vous accusait. Il n'était pas rare de voir dans la place de S. Marc, des têtes élevées au bout des piques, sans que personne pût connaître les condamnés et la cause de leur condamnation. La seule chose qu'on savait, c'était qu'elles étaient là par jugement du tribunal des dix. On n'y connaissait aucune des formes protectrices de l'innocence. La délation y jouissait de la plus grande latitude. On accusait, on informait contre l'accusé, sans que les juges, sans que qui que ce soit connut le dénonciateur, moyen efficace pour donner de l'audace à ces sortes de gens, livrer sans défense les hommes les plus honnêtes aux coups de leurs ennemis, et du premier scélérat qui veut les perdre. Il y avait dans le palais du doge, des troncs qui s'ouvraient au-déhors par des gueules de lions. C'était dans ces troncs, dont les inquisiteurs avaient la clef, qu'on jetait les dénonciations. Si, par ces gueules de lions, on a voulu apprendre aux Vénitiens ce qu'ils devaient penser d'un semblable tribunal, on ne pouvait mieux symboliser. Le doge et ses six conseillers en étaient membres, ce qui formait en tout dix-sept juges. Pour le rendre encore plus atroce, il avait trois chefs, appelés les trois inquisiteurs d'état, qui étaient spécialement chargés de connaître des crimes d'état, ou de ce qu'ils voulaient réputer tels. Ces trois individus avaient le droit de condamner à mort; mais ils ne pouvaient l'exercer contre un noble Vénitien, qu'en se faisant assister des autres membres, au nombre au moins de quatorze. Ces chefs étaient renouvelés tous les trois mois. Comme l'on voit, la vie d'un roturier n'était rien pour ces messieurs. Ils ne comptaient pour quelque chose que celle d'un noble.

Etait-il une institution plus monstrueuse, que celle qui livrait la vie de tous les Vénitiens à la merci de quelques individus, et la faisait dépendre de la haine, de la vengeance, de l'intrigue. Un Vénitien, en se mettant au lit, n'était pas sûr, avec la conscience la plus pure, de ne pas monter le lendemain à l'échafaud. Comment peut-on vivre sous un régime aussi exécrable, sous un tribunal dont l'idée seule faisait trembler les hommes les moins conspirateurs, et portait l'inquiétude dans toutes les ames? Renverser un gouvernement aussi atroce, était, sans contredit, servir l'humanité; et il n'appartenait qu'à des êtres vils, profondément corrompus, de blâmer le Scipion français, d'avoir soustrait le peuple Vénitien à ce joug exécrable. Ce Gradonico, d'infâme mémoire, ne tarda pas à porter la peine de ses crimes; car il fut condamné à mort par ses propres créatures, par ce grand conseil, qu'il avait rendu si redoutable. Il éprouva qu'on ne gagne jamais rien à faire des despotes, et combien était terrible et funeste, la nouvelle autorité qu'il avait élevée sur les ruines de la liberté de Venise.

CHAPITRE IV.

Comment s'établit le despotisme de la multitude.

QUAND la multitude triomphe de l'ambition ou de la cupidité du sénat, rarement se renferme-t-elle dans les bornes de la modération. Rarement ceux qui ont dirigé sa force, lui donnent-ils des conseils salutaires. Ils abusent ordinairement de sa confiance. Ils ne se montrent dévoués à sa cause que dans leur propre intérêt. Ils la flattent de l'espoir d'une plus grande liberté, dans l'espérance d'en profiter. Ils l'excitent à se rendre absolu, la font consentir à de nouvelles institutions, propres à accroître sa puissance, bien sûrs qu'ils travaillent pour eux-mêmes. La multitude, séduite par leurs discours flatteurs, persuadée par leurs artificieuses promesses, que c'est courir après le bonheur, que de briser toute entrave, ne veut plus connaître aucun frein. Elle renverse les barrières les plus sagement établies, pour assurer la liberté publique et les droits de chaque citoyen. Elle veut tout décider, tout faire, tout juger. La voilà despote.

CHAPITRE V.

Preuve prise de l'Histoire Romaine.

NOUS avons vu le peuple Romain, écrasé par l'avarice des sénateurs, se retirer sur le mont sacré, afin de les forcer de consentir à l'abolition des dettes. Cette demande était injuste; mais ce fut la conduite tyrannique des sénateurs, ce furent leurs vols, leurs rapines, leurs exactions qui en furent la cause, en jetant le peuple dans une extrême misère. Ils devaient porter la peine du crime dont ils s'étaient rendus coupables. S'ils se fussent comportés en gens de bien, la plupart des plébéïens n'eussent pas été dépouillés de leur héritage, ils eussent vécu paisiblement. Ceux qui, par les malheurs des tems et de la guerre, étaient tombés dans une extrême pauvreté, eussent trouvé une subsistance honnête, dans la portion des terres conquises, spécialement consacrées aux citoyens ruinés; mais les sénateurs s'en étaient emparés au mépris de la loi. Il n'y aurait eu à Rome qu'un petit nombre de misérables, ceux qui consommaient leurs biens dans la débauche. Couverts du mépris public: Ils eussent été facilement contenus par la grande masse des citoyens. Il n'eût pas existé, dans cette république, un ferment éternel de séditions, qui en a causé la ruine.

Le sénat effrayé de la désertion d'un si grand nombre de citoyens, et de voir aux portes de Rome, comme deux armées prêtes à en faire le siège; donna son adhésion à l'abolition des dettes; mais deux plébéiens, qui, par la hardiesse de leurs discours, avaient acquis une grande prépondérance parmi les insurgés, et visaient à profiter des circonstances pour se frayer un chemin aux honneurs, leur firent entendre, que si souvent abusés par les promesses du sénat, il fallait demander des sûretés pour la conservation de leurs droits; que les plébéïens, toujours mal jugés, quand ils plaidaient contre les sénateurs, parce que ceux-ci remplissaient toutes les fonctions publiques, devaient exiger des magistrats plébéïens pour défendre leurs intérêts, avec plein pouvoir de s'opposer aux entreprises des consuls et du sénat, ce qui fut accordé. On convint que ces magistrats, sous le nom de *tribuns du peuple*, seraient inviolables et sacrés, qu'ils ne pourraient être poursuivis pour les actes de leur magistrature, et que leur seule opposition, exprimée par ce mot, *veto* (j'empêche), annullerait les ordonnances du sénat et les jugemens des consuls, institution monstrueuse, pouvoir trop étendu, confié à un seul homme, qui n'avait besoin que de ses caprices pour arrêter les mesures les plus sages, exposer le salut de la république. On ne créa d'abord que deux tribuns. Les deux individus qui en avait fait la proposition, furent élus les premiers.

CHAPITRE VI.

Du tribunat.

A peine ces magistrats furent-ils en charge, qu'ils ne songèrent qu'à diminuer l'autorité du sénat, et à rendre illimitée celle de la multitude, bien sûre, que, facile à égarer, elle deviendrait un instrument utile à leur ambition. Ils ne furent pas déçus de leur espérance. L'on vit ce sénat, si puissant par les réformes de Servilius Tullius, si despote après l'expulsion des Tarquins, décliner insensiblement sous les tribuns, jusqu'au point de plier toujours sous leur volonté capricieuse. Il perdit sa puissance pour en avoir voulu abuser, effet ordinaire de la tyrannie poussée à l'excès. C'est le moment où le sceptre des tyrans ne tarde pas à se briser dans leurs mains, et à les blesser de ses écarts.

Mably a fait un grand éloge du tribunat; mais ce savant républicain n'a considéré cette institution que sous son côté favorable, comme étant le modérateur de la puissance du sénat, et le palladium des droits des plébéïens. Il n'a pas réfléchi que cette magistrature était exercée par des hommes, qui mettent toujours leurs passions à la place de l'intérêt général, et abusent des institutions les plus saintes; que trop de pouvoir ne sert qu'à allumer les passions humaines, et à leur donner plus d'activité. Il n'a pas vu que les tribuns se mettaient au-dessus des lois, poussaient à tous les excès, une multitude effrenée, sapaient les bases du gouvernement, pour lui transporter une autorité sans bornes, et devenir eux-mêmes les maîtres du sénat et du peuple. Avaient-ils imaginé quelques projets de lois, propices au but vers lequel ils marchaient avec activité, celui d'étendre leur domination, ils assemblaient en hâte une poignée des plus turbulens, tous ceux qui leur étaient dévoués, ou qu'ils allèchaient de l'espoir d'un meilleur ordre de choses, et faisaient recevoir les lois à la faveur d'une sédition?

Quelques sénateurs osaient-ils leur résister ? au mépris de la liberté des opinions, ils les traduisaient en jugement au milieu de leurs partisans, devant une multitude ignorante et passionnée, et les faisaient condamner à l'exil ou à la mort. Les consuls ordonnaient-ils de prendre les armes pour repousser les attaques des armées ennemies, qui ravageaient le territoire Romain, on était sûr de trouver les tribuns en opposition à toute levée de troupe, et ce n'était qu'à la dernière extrémité, ou en usant de ruse, que l'on obtenait leur consentement. Il est vrai que par leur opiniâtreté, ils arrachaient de tems à autre au sénat quelques décrets favorables et utiles que sollicitaient la justice ; ils n'en étaient pas moins des chefs éternels de trouble et de sédition. Ils devaient, sans doute, s'occuper à remettre le peuple dans ses droits, mais il ne fallait pas violer les lois, faire sacrifier les sénateurs les plus illustres, et souffler sans cesse la révolte. La république en fut déchirée. Le sénat, pour avoir la paix dans l'intérieur, ou se venger, à son tour, des tribuns et des séditieux, engageait Rome dans des guerres continuelles. Les turbulens hors de Rome, sous les ordres des consuls, qui seuls avaient le droit de commander les troupes de la république, la tranquillité renaissait au-dedans; mais elle cessait avec la guerre; et les Romains, à raison des vices de leur constitution, n'eurent que cette triste perspective, la guerre ou la sédition. De tant de tribuns qu'eut le peuple Romain, je n'en connais que deux qui eurent véritablement à cœur le bien public.

Ce n'était donc pas dans la création du tribunat, que l'ordre des plébéïens devait chercher la garantie de ses droits, et la conservation de la république. Tout magistrat, qui n'a de règle de conduite que sa pure volonté, est un fléau dans un pays libre.

L'on voit donc combien il est aisé, quand la multitude est réduite à une extrême misère, quand elle est vexée, tourmentée, par ceux qui la gouvernent, combien, dis-je, il est aisé de l'aigrir, de la soutenir, de la pousser à des excès par la perspective d'un avenir plus heureux. Elle renverse ses oppresseurs, elle ne veut plus de joug. Elle croit rester libre, et être plus heureuse, en décidant de tout par elle-même. Ainsi s'établit son despotisme.

CHAPITRE VII.

Combien est dangereux le despotisme populaire.

CE despotisme est le triomphe des intrigans. Ils dominent avec une volonté presque absolue; à la faveur d'une populace effrenée, qui croit faire la loi, ne suivre que sa volonté, lorsqu'elle est maitrisée par l'intrigant adroit dont elle suit l'impulsion, et qu'elle n'est elle-même que l'esclave de ses flatteurs. Les vrais amans de la liberté, les amis ardens de la justice, n'y trouvent que la persécution et des déboires de tout genre. Ils sont en bute aux traits empoisonnés de la haine, de la jolousie, de la vengeance, et il est rare qu'ils n'en soient atteints. La fermeté du caractère, perd presque toujours celui qui en est doué. Il faut, pour prospérer, être intrigant soi-même, sacrifier la justice et l'innocence aux factions dominantes, aux pervers, qui l'emportent. Pour n'être pas immolé, il faut se condamner au silence, courber servilement la tête, recevoir la loi des factieux. Je sais que le bonheur des méchans est rarement de longue durée. Il est un terme où le crime reçoit sa punition. Le

masque

masque de l'intrigant lui échappe tôt-ou-tard, et laisse appercevoir le hideux de son hypocrite figure; mais comment se plaire dans un état qui n'offre qu'une succession rapide de chûtes et de succès ; où il faut craindre sans cesse les évènemens du lendemain.

Les orateurs les plus attachés au bien public ne sont pas toujours les plus en faveur. Philippe est aux portes d'Athènes, à la tête d'une armée formidable, et le peuple est encore à délibérer sur le parti qu'il doit prendre. Vainement Démosthène, plein de zèle pour le salut de sa patrie, lui représente ce qu'il reste à faire. Ce grand homme n'est point un flatteur, son éloquence échoue; de vils orateurs, vendus à l'or de Philippe, l'emportent; leurs discours flateurs entraînent le suffrage du peuple, et ce prince devient maitre d'Athènes. La multitude, pour rendre ses décrets, pêche toujours ou par indécision, ou par précipitation. Rarement saisit-elle le juste milieu qu'indiquent les circonstances; quand il faut se déterminer promptement elle hésite, ne sait quel parti prendre; d'autres fois elle adopte, beaucoup trop vîte, des projets qui ont besoin d'être muris par la réflexion. Elle se meut au gré de ses passions: ce sont elles qui la décident ; aussi ses flateurs savent-il en tirer avantage.

S'il est dangereux pour l'intérêt public de laisser à la multitude les rênes du gouvernement, il l'est encore plus de lui attribuer le pouvoir judiciaire. Miltiade, Aristide et tant d'autres grands hommes de la Grèce, qu'ont-il retiré pour prix des services les plus signalés? l'exil, ou la mort, et ils avaient le peuple pour juge. C'est un vil intrigant qui fait condamner à mort, par la multitude, Socrate le plus vertueux des grecs; elle en gémit quand il n'est plus tems. A Rome des tribuns insolents proscrivent les meilleurs citoyens, à l'aide d'une populace qu'ils dirigent. Agrippa, dont tout le crime est de leur déplaire, est dépouillé de sa fortune et meurt de désespoir. Appius-Claudius, déjà une fois acquitté, encore poursuivi, et sûr de ne pas échapper de nouveau, se donne la mort pour éviter un jugement ignominieux. Metellus, si respecté par ses vertus, si grand par son mérite, est néanmoins condamné au bannissement ; ainsi juge le peuple, ainsi le veulent ses meneurs. Scipion après avoir sauvé Rome et détruit Carthage, est obligé de s'expatrier, pour échapper à la persécution de deux tribuns jaloux de son mérite. Ciceron, qui venoit de préserver Rome de la fureur de Catilina, est condamné à l'exil par ce même peuple, qui peu de temps au paravant, le nommait le père de la patrie.

L'infortuné Coriolan s'éloignait de Rome, l'air calme en apparence; mais le désespoir dans le cœur. Trop grand pour se laisser abattre par le malheur, trop fier pour en paraître affecté, mais trop sensible pour oublier l'injure d'un peuple ingrat. L'indignation soutenait son courage, d'autant plus sinistre qu'elle était concentrée. Il se détourne, il porte encore une fois ses regards vers ces murs où l'intrigue a prévalu sur la vertu, et d'où il est banni pour toujours; il pousse un profond soupir, une larme s'échappe de ses yeux, et après un farouche silence: voilà donc, s'écrie-t-il, le prix de tant de service! Voilà la récompense que je reçois de tout le sang que j'ai versé pour vous, citoyens ingrats! trente années d'une conduite irréprochable, les nombreuses victoires remportées sous mes ordres, les villes dont je vous ai rendus maitres, mon corps couvert de cicatrices, vos concitoyens que, souvent j'arrachai seul du milieu des ennemis, rien n'a pu balancer dans vos esprits, l'influence d'une cabale perfide;

de vils intrigans l'emportent, je suis sacrifié à leur haine; que sont leurs titres auprès des miens? de vaines phrases, des discours séditieux? Sont-ce là les preuves de l'amour de la patrie, et doivent-ils effacer l'éclat des plus belles actions? La palme n'est-t-elle due qu'à de lâches rhéteurs, et faut-il en recevoir le joug, après avoir brisé celui des rois? Coriolan pouvoit-il s'avilir et plier sous des maitres, vous me chassez du sein de ma patrie comme un homme noirci du plus grand crime; vous m'arrachez aux plus douces affections; des séparations déchirantes, voilà ce qui me reste! sans asyle, errant, fugitif, je vais traîner partout la honte d'un proscrit, d'un proscrit? Ah! je vous forcerai à me rendre justice, je justifierai votre atroce plébiscite. Je deviendrai aussi coupable que vous me faites paraître; vous vous répentirez de n'écouter que de perfides intrigants. Mille idées funestes agitent son âme ulcérée, son cœur est oppressé du besoin de la vengeance; mais l'amour de la patrie se fait encore entendre, il hésite par des sentimens contraires, il frémit à l'idée de devenir le bourreau de ces mêmes Romains, qu'il a si souvent défendus; enfin le ressentiment l'emporte, il oublie sa vertu et jure la perte de Rome. Ainsi la persécution, d'un défenseur de la république Romaine, en fit le plus cruel ennemi.

Remettre le gouvernement entre les mains de la multitude, c'est lui confier une arme à deux tranchans; il n'est pas possible, avec quelqu'adresse qu'elle la manie, qu'elle n'en offense les autres et ne s'en blesse elle-même. En France, les sociétés populaires et les sections, s'ingérant de gouverner et de prononcer des jugemens, nous présentent une esquisse assez fidelle du despotisme populaire, ou de la pure démocratie.

CHAPITRE VIII.

Où aboutit le despotisme populaire.

QUAND le peuple exerce par lui-même tous les pouvoirs, qu'il fait la loi, l'exécute et l'applique, quel vaste champ s'ouvre aux combinaisons de l'intrigue et de l'ambition! tous les hommes cupides, tous les ambitieux jettent leurs filets, et la multitude ne tarde pas à s'y enlacer. C'est l'instant propice de s'élever à la dictature, au protectorat, à la royauté. Sur le despotisme de la multitude se trouve toujours le despotisme d'un seul et le trône des rois; mais alors les marches en sont ensanglantées. Elle sert en aveugle la fureur des conspirateurs; ceux-ci ne marchent au pouvoir que sur des monceaux de cadavres, et la tyrannie la plus exécrable en est le résultat ordinaire.

CHAPITRE IX.

Comment s'établit le despotisme d'un seul, sur les ruines de la démocratie.

UNE république périt et se change en monarchie. 1°. Quand le peuple y est despote et dispose de tout par lui-même. 2°. Quand la force armée se mêle des élections civiles, et n'est soumise à aucune subordination. 3°. Quand cette république, environnée de voisins puissans n'est pas assez grande pour leur résister, ou qu'elle devient si vaste, que ceux qui la gouvernent ne peuvent exercer sur tout les points une surveillance exacte. 4°. Quand ses gouvernans étant parvenus à lui ôter son énergie, a éteindre l'esprit public, peuvent impunément violer sa constitution.

Un conspirateur puissant, par ses talens ou sa fortune, s'empare alors de sa confiance; et paraissant ne vouloir que le servir, lui fait adopter, sous le prétexte de l'intérêt général, toutes les lois et les réglemens, dont le but secret est de le conduire à la puissance absolue. Il sème la discorde parmi les citoyens, les divise en partis acharnés les uns contre les autres, fait proscrire par le parti le plus puissant dont il a soin de se ranger, celui qu'il ne parvient pas à tromper. Ils ne manque point de peindre sous des noires couleurs, et comme ennemis du bien public, tous les citoyens dont il redoute la concurrence, les talens ou les lumières; il comble au contraire de ses bienfaits ceux qui lui sont dévoués, soit qu'il les ait corrompus ou qu'ils ne soyent qu'égarés. Lisez dans l'Histoire de Suède comment les rois réussirent à y établir le despotisme.

Charles I, par son exécrable conduite, s'était aliéné le cœur de tous les Anglais. Ce peuple était divisé en plusieurs partis; les deux plus puissans, celui des républicains et des presbytériens, semblaient n'en former qu'un. Cromwel professa hautement les principes de liberté et montra un grand zèle pour la religion réformée; il combattait le parti royaliste les armes à la main avec autant d'ardeur qu'il le fesait à la tribune. Il fut promu et à la législature et aux premières dignités de l'armée. L'extrême confiance qu'il inspirait, lui fesait accorder tout ce qu'il demandait. Il réussit a retenir exclusivement, la qualité de député et le commandement des armées; il se fit de nombreuses créatures; sûr de sa puissance, il dicta des lois à ce même parlement qui l'avait comblé de ses faveurs, et qui venait de punir de mort Charles I, coupable de tyrannie envers la nation. Les républicians ouvrirent enfin les yeux sur les projets perfides de Cromwel; mais il n'était plus tems, le trône du tiran était trop bien assis, Il proscrivit tout ce qui lui fit ombrage et les républicains devinrent à leur tour les victimes de sa férocité.

La cause la plus ordinaire du despotisme d'un seul, est la séduction de la force armée par le chef qui la commande. Quand les armées, dans une république, se mêlent des élections politiques, commandent dans l'état et épousent les querelles de leurs généraux, ceux-ci ne tardent pas à allumer la guerre civile, et le sceptre dictatorial reste entre les mains du vainqueur. Telle fut la principale cause de la ruine de la république Romaine; c'est à la force armée que Marius et Sylla durent successivement leur règne exécrable; c'est par elle que César, vainqueur de Pompée, devint le maître de Rome; c'est en séduisant les armées romaines et en les rengeant sou leur bannière, que les triumvirs, Auguste, Marc-Antoine et Lépide, dictèrent leurs lois sanglantes à Rome épouvantée, et étouffèrent, pour toujours, le feu de la liberté, et la république sous le despotisme impérial. Quand ces trois traîtres se furent mis au-dessus des lois, quand ils eurent immolé tous les citoyens capables de leur résister ou de déjouer leurs projets, qu'ils eurent éteint toute énergie républicaine dans des flots de sang, ils se divisèrent entre eux et s'attaquèrent; ils ne voulurent plus partager la puissance; chacun voulait règner uniquement. Ainsi s'écroule toute union fondée sur le crime; quel accord peut exister entre des scélérats? Quel lien peut les unir? la bonne foi? Ils savent bien qu'elle n'appartient qu'aux hommes vertueux, et n'est, pour eux, qu'une barrière impuissante. Leur intérêt? mais c'est un lien qu'ils brisent aussi-tôt qu'ils croient utile de le faire. Lépide venait de périr sous les coups d'Auguste, et de Marc-Antoine. Les armées, à la bataille d'Actium, décidèrent entre ces deux derniers. Antoine succomba, son parti fut vaincu.

Cromwel n'eut peut-être pas réussi à s'emparer du pouvoir ou à consolider son usurpation, si, chef de l'armée, il ne l'eut mise dans ses intérêts appuyé d'une armée victorieuse, qu'il conduisit jusqu'aux portes de Londres, il parla en maître, tout plia sous sa puissance.

Quand, environné de voisins puissans, une république n'est pas assez grande pour leur résister, elle devient la proie d'un conquérant, à moins que ces puissans n'aiment mieux la soumettre à d'autres lois, à une autre forme de gouvernement. Athènes trop faible pour résister aux Macédoniens, et à raison de ses divisions intestines, et par le peu d'étendue de son territoire, fut subjuguée par Philippe roi de Macédoine et père d'Alexandre le grand. Genève s'est trouvée dans le second cas; cette république, dans le principe, fut assez bien constituée; la souveraineté existait dans le peuple, et s'exerçait par délégation responsable au souverain, dont la réunion avait lieu assez fréquemment. Les différens magistrats étaient soumis au renouvellement. Leur ambition, d'une part, et la résistance du peuple à leur usurpation, firent éclater des dissentions intestines. Les rois voisins, qui ne voyaient point de bon œil ce peuple exercer ainsi sa souveraineté, et craignaient, peut-être, que la contagion de la liberté, ne vint jusqu'à vivifier leur état, offrirent leur médiation aux Gènevois de manière à n'être pas refusés ; on sent bien qu'ils ne manquèrent pas d'y consacrer le gouvernement aristocratique. C'est pour éviter cet inconvénient et se rendre assez puissantes afin de résister efficacement aux puissances voisines que de petites républiques se sont fédéralisés.

Une république court à sa ruine, quand elle devient si vaste que ceux qui la gouvernent, ne peuvent exercer sur tous ses points une surveillance exacte. Les magistrats, trop éloignés du centre de l'autorité, ne craignant pas d'être surveillés, se livrent aux plus grands écarts, à des actes tyranniques, s'enrichissent de dilapidations, foulent, pressurent le peuple, excitent des mécontentemens, font détester le gouvernement républicain ; de là, des soulèvemens, le desir de se soustraire au joug en changeant de puissance. La république tombe en ruine et se démembre. Une puissance en envahit une partie ; une autre se détache pour former un état nouveau sous un chef, qui la rend victorieuse. Des généraux ambitieux, à la tête d'un parti formidable qu'ils se sont formé par leurs intrigues, lèvent leur masque avant que les gouvernans ayent pu les deviner, et viennent porter la guerre au sein même de la république dont ils se rendent maîtres. Une des principales causes de la décadence de la république Romaine a été ses vastes possessions; maîtresse des trois parties du monde, de l'Asie, de l'Afrique, de l'Europe, le sénat romain ne pouvait exercer, sur une étendue si immense de pays, assez de surveillance, pour contenir dans l'obéissance, tant de peuples de caractères divers, tant de généraux, de proconsuls, de gouverneurs, qu'ils délégait pour les régir.

CHAPITRE X.

Combien est terrible le despotisme d'un seul, ou le despotime royal.

L'HISTOIRE de ces despotes n'est qu'un tissu de crimes. La nature en est révoltée; on se sent saisi, en la lisant, d'une profonde horreur, que ne sauraient affoiblir quelques actions vertueuses, produites de loin en loin. Elle montre, chez toutes les nations, des Caligula, des Nérons étouffant toute pudeur, tout sentiment d'humanité; je les vois ordonner de sang-froid le massacre des plus hommes de bien, compter leurs victimes avec complaisance, se jouer de ce que les mortels respectent le plus. Une insigne mauvaise foi, le poison, les assassinats ne sont pour eux, que les moyens ordinaires de détruire ce qui leur porte ombrage ; le viol, le rapt, les plus honteuses débauches, ils s'en souillent avec indifférence; que dis-je, c'est dans les jouissances les plus sales, les plus criminelles, et qui révoltent le plus la nature, que ces monstres se complaisent ; à force de crimes ils veulent éloigner ce trouble, cette agitation cruelle qui s'attache aux scélérats ; ils cherchent à étouffer le remord dont leur cœur est rongé, L'amitié, les liens du sang, les affections de la nature ne peuvent émouvoir leur âme cadavéreuse ; ils ne voient qu'eux seuls dans le monde entier, et pensent que tout doit se rapporter à eux ; ils se croient tout permis et ne voient de mal, que dans ce qui peut leur nuire. Que sont à leurs yeux le reste des humains ? des bêtes de somme destinées à les servir, de vils esclaves qu'ils doivent sacrifier à leurs plaisirs et à leur conservation. Si leur cœur s'épanouit un instant aux doux sentimens de l'humanité, si leurs mains s'ouvrent pour verser sur le peuple quelques rares faveurs, par combien d'injustices ne les font-ils pas bientôt oublier ? Leurs oreilles trop délicates sont blessées du langage âpre de la probité et de la franchise. L'austère vérité les épouvante ; ils aiment à s'endormir à la douceur des mensonges de leurs flatteurs. Les apôtres de leurs passions ont seuls le droit de leur plaire ; c'est sur eux qu'ils répandent leurs faveurs, c'est avec eux qu'ils aiment à dissiper le prix des sueurs de leurs sujets, les impôts énormes qu'ils ne ramassent qu'en écrasant ceux-ci, la vue des hommes vertueux leur devient un supplice. Ils vous oppriment, et c'est un crime encore de se plaindre ; spectateur de l'injustice, il faut contenir en soi toute son indignation, frappé soi même, il faut se taire et dévorer l'injure. Dans un moment d'ivresse ou de débauche; leur prend-t-il fantaisie de tracasser une puissance voisine? d'un trait de plume, ils envoient des milliers d'hommes s'entre égorger, et tranquilles au fond de leur palais ; ils comptent avec joie le nombre des villes que leurs généraux ont incendiées en leur honneur. Les soldats que la guerre leur moissonne, des femmes, des enfans laissés sans soutien, les impôts énormes qu'elle nécessite, qui desèchent toutes les sources de la prospérité publique, et livrent une partie de la nation à la plus extrême misère, tout cela n'est rien auprès du plaisir qu'ils goûtent à humilier un rival, ou à ajouter, à leur domaine, quelques esclaves de plus.

Si les peuples n'avaient encore à gémir que de la férocité et de la dépravation du despote, il y aurait espoir d'éviter ses coups en fuyant ses regards, en se tenant à une grande distance, confondu dans la foule; mais ses allentours, ses favoris, ses ministres, ses agens, tous les magistrats sous ses ordres, sont eux mêmes autant de despotes, dont on est nécessairement froissé quelque chose que l'on fasse. Tout ce qu'on a de plus cher, vie, liberté, fortune, femme, maîtresse, enfans, est à leur disposition; et pour comble de désespoir ce joug affreux, dans les monarchies, ne finit qu'au tombeau; dans une république un tyran s'élève momentanément en abusant de ses pouvoirs, on sait au moins que son despotisme ne sera pas de longue durée, si la république n'est pas renversée; il cesse par le renouvellement ou par la chûte, et la punition du tyran.

L'Asie, l'Afrique la plus grande partie de l'Europe, attestent de concert toutes les horreurs de ce despotisme. Sous le ciel brûlant de l'Afrique les hommes ne sont que de bêtes de somme dont le monarque dispose souverainement pour ses plaisirs ou son intérêt. Ici, il en fait un trafic odieux; là ces malheureux n'ont d'autre existance que de cultiver la terre pour la faire fructifier au proffit du despote : et tout le fruit de leurs sueurs lui appartient exclusivement. Maître de leur vie, comme de leur fortune, il les punit de mort à la moindre plainte, au plus léger sujet de mécontentement.

Les monarques de l'Asie, presque toujours invisibles au fond de leur palais, ne se montrent que rarement, et au milieu d'un appareil terrible. Ce sont des dieux, devant lesquels il faut que tout se prosterne. La vie des autres hommes, est pour eux si peu de chose, que dans beaucoup d'endroits, ils n'hésitent pas à faire massacrer quiconque a le malheur de rencontrer leurs femmes et leurs concubines. Qu'elle infâmie de dégrader, à ce point, la nature humaine, et d'établir entre les mortels une différence si absurde !

Les rois de l'Europe, tout aussi absolus, tout aussi despotes, n'osent cependant donner dans des extrêmes, aussi avilissans pour eux, que pour leurs sujets. Ils ont des formes un peu moins ridicules ; mais leur prétention est la même, quant à la souveraine puissance qu'ils croient avoir sur leur peuple. Dans leur fol orgueil, ils les regardent aussi comme des sujets et des esclaves, dont ils peuvent ordonner ce que bon leur semble. Dans une grande partie de l'Europe les monarques font étrangler, ou périr sans aucune forme, et de leur seule volonté,

volonté, ceux dont ils ont à se plaindre. Dans les gouvernemens les plus tempérés, ils paroissent reconnaître quelque forme dans leur manière de condamner; mais ces formes sont vaines et futiles, quand il leur plaît; et leur unique vouloir décide de la vie de celui qui les a offensés.

Que l'on parcoure les annales de l'Histoire, que l'on lise attentivement la vie des meilleurs rois, de ceux qui ont été les plus aimés de leur peuple, que de crimes encore n'a-t-on pas à leur reprocher! Que d'actes arbitraires, commis impunément, par eux ou leurs agens! Le moindre de ces crimes suffirait pour faire traîner à l'échafaud les chefs d'une république démocratique. Titus, que tous les historiens nous représentent comme devant être le modèle des bons rois, que de sang n'a pas coulé par ses ordres! Sous son règne, on égorgea presqu'autant de chrétiens que sous celui des empereurs les plus féroces.

Contentons-nous de jetter un coup-d'œil rapide sur l'histoire de la monarchie Française, dont quelques hommes osent nous vanter la douceur du gouvernement. Examinons qu'elle fut la conduite de ses rois; à quels titres peuvent-ils mériter nos regrets? Sachons si c'est avec juste raison, que l'on veut reporter nos regards vers le gouvernement royal; et nous arracher des soupirs sur la chûte des Bourbons.

CHAPITRE XI.

Coup-d'œil intéressant sur l'Histoire de la monarchie Française.

JE vois le peuple Français, sous la monarchie, toujours vexé, opprimé, être perpétuellement le jouet et la victime de l'ambition de ses rois, et de la tyrannie de ses seigneurs. Son sang est prodigué à grands flots, pour satisfaire à tous leurs caprices, à leurs plus folles idées. Il est écrasé d'impôts énormes, que nécessitent des entreprises extravagantes. Les rois des trois races, qui ont tour-à-tour régné sur lui, ne l'ont considéré que comme un troupeau, qu'ils avaient le droit de tondre, et de dévouer à leurs passions. Ils s'en sont disputés la propriété à force de forfaits.

La première race, dite des *Mérovingiens*, a régné trois cents ans, et elle n'a laissé que le souvenir de trois cents ans de crimes affreux. Clovis, le premier roi de cette race, Clovis, qui eut la réputation d'un saint, qui fut si agréable à Dieu, qu'une colombe, comme l'attestent les historiens d'alors, lui porta du ciel une huile sainte pour le sacrer; ce Clovis ne fut, cependant, qu'un horrible scélérat. Non content d'avoir dépouillé, de ses états, le comte de Soissons, qu'il avait vaincu, il se le fait livrer et l'égorge. Pour s'emparer de leurs possessions, il assassine jusqu'à ses parens. Il immole ses plus fidèles serviteurs, dès que son intérêt le lui commande. Il décide le fils à assassiner le père, et quand celui-ci se présente pour exiger le salaire promis à son parricide, Clovis le fait massacrer à coups de hache. Tel fut le premier roi des Français.

Il n'est pas un des descendans de ce saint homme, qui en montant sur le trône, ne marche hardiment dans la carrière du crime, qu'il leur a ouverte, et ne se montre aussi scélérat.

Clodomir, un de ses fils, dépouille Sigismond et le noye dans un puits avec sa femme et ses enfans. Sigismond avait égorgé lui-même son propre fils. Les frères de Clodomir, à leur tour, Clotaire, Childebert et Thierry, assassinent les enfans de Sigismond et se partagent leurs états. Ils égorgent ensuite leur beaufrère, à la sollicitation de leur sœur, l'épouse de ce prince.

Clotaire, resté seul, roi de France, après s'être livré aux plus horribles débordemens, completta, par un parricide, le tableau hideux de sa vie. Il avait à se plaindre de Childebert, son fils; il le poursuit, l'atteint dans la maison d'un paysan, où ce prince s'était réfugié, avec sa femme et ses deux fils; fait cerner la maison, y met le feu, et jouit avec délices des cris aigus que la souffrance arrache à ces malheureux, dévorés par les flammes.

A sa mort, ses enfans se disputent son héritage les armes à la main, ensanglantent le sein de la France, par une guerre cruelle, la pillent tour-à-tour. Enfin, Sigibert assassine son frère Chérébert, et est assassiné par Chilpéric, qui monte sur le trône.

Chilpéric se distingue par la plus exécrable tyrannie, fait périr ses deux enfans, étrangle leur mère avec un linceuil, et épouse Frédégonde sa concubine, qui le fait massacrer, au moment qu'il méditait sa mort.

Clotaire II, encore enfant, prend le sceptre. Durant sa tutelle, Brunehaut arme ses deux propres fils l'un contre l'autre. Cousins de Clotaire, ils avaient aussi le titre de rois de France. Elle se rend l'agent des dissolutions de l'un d'eux, de Thierry, qui égorge Théodoret son frère, et est empoisonné lui-même par sa mère Brunehaut, comme il était sur le point d'épouser sa propre fille. Clotaire, à sa majorité, s'empare des états de Thierry, dont il fait mourir les enfans. Par ce crime, il devient seul maître de la France. Ce brigand fit un massacre horrible des Saxons. Il n'*en laissait aucun plus haut que son épée.*

Croirait-on que S. Grégoire a fait un très-bel éloge de l'infâme Brunehaut. Ainsi, les prêtres encensent et sanctifient les plus grands scélérats, quand ceux-ci s'en laissent gouverner et les enrichissent. Ils changent alors le crime en vertu, et au nom du ciel, ils bénissent les forfaits qui tournent à leur profit, ou les déguisent sous des raisons spécieuses. Ils empoisonnent, au contraire, les plus belles actions qui leur nuisent, et font un scélérat de l'homme le plus vertueux, s'il a le courage de ne pas vouloir être leur dupe.

Dagobert, fils de Clotaire, lui succéda. Uniquement entouré de concubines, qui le gouvernaient, il ne sut que se livrer aux plus honteux déréglemens, et fut un objet de mépris pour la nation; mais il dota richement un grand nombre de couvens, il chassa de la France tous les Juifs. Aussi, les moines en eussent volontiers fait un saint.

Les autres rois de cette première race, ne furent recommandables que par leur ineptie et leur inutilité. Ensevelis au fond de leur palais, livrés à la mollesse et à la volupté, ils laissèrent fouler le peuple par les maires du palais, à qui ils abandonnèrent l'autorité. Toutes leurs fonctions se bornaient à manger, boire, digérer, et à assouvir leurs passions. De tems à autre, ces fantômes de rois, ces machines à chaire, pour rappeler au peuple qu'ils existaient, se faisaient promener à pas lents dans Paris, sur une voiture traînée par des bœufs. Le mouvement trop impétueux des chevaux, eût pu nuire à la santé de ces majestés. Des êtres aussi précieux, quel dommage de les exposer aux plus légers accidens! et qu'il était heureux, ce peuple de Paris, que ses *bons* rois daignassent lui montrer leur visage! Stupide aveuglement des humains, qui ne sentent pas que le respect prodigué à des êtres si inutiles, est la preuve de leur profond avilissement ! Le dernier roi de cette race se rendit si méprisable, que Pépin, fils de Charles Martel, osa, sans risque, le reléguer dans un couvent, et s'emparer de la couronne de France.

Ici, commence le règne de la seconde race, dite des *Carlovingiens*. On sent bien que Pépin dut ménager la nation pour consacrer son usurpation, et se maintenir avec tranquillité. Il ne laissa pas de conduire à la boucherie des milliers de Français, en s'engageant dans une guerre inique. On lui reprochera encore d'avoir saccagé les villes de la Lombardie ; tout cela pour soutenir les absurdes prétentions d'un pape.

Il laissa, pour successeur, Charles, surnommé *Charlemagne*, ainsi appelé, parce qu'il passe pour l'un des plus grands rois de France. Sans doute, il fit de grandes choses ; il eut à cœur le bien de ses sujets ; mais telle est la malheureuse condition des rois, que les meilleurs ne laissent pas de faire beaucoup de mal, et de commettre des forfaits qui conduiraient leurs sujets à une mort deshonnorante. Tel est le sort encore plus triste des peuples qu'ils gouvernent, que ceux-ci sont écrasés par leur prince, lors même qu'il désire les rendre heureux. Charlemagne débuta par un vol odieux. Il dépouilla, de leurs états, ses neveux encore enfans, dont il était le tuteur. Il fit la guerre à son beau-père, le dépouilla aussi, et le tint en prison jusqu'à sa mort. Ce malheureux prince n'était coupable, cependant, que d'avoir écouté la voix de l'humanité, en accordant un asyle aux neveux de Charlemagne, et en sollicitant, pour eux, la restitution de leurs biens. Il fit pendant trois ans, une guerre à outrance aux Saxons, où des flots de sang coulèrent de part et d'autre; et il n'eut d'autre motif, de cette guerre sanglante, que de les forcer à quitter leur religion pour embrasser la sienne. Par un effet de ce zèle excécrable pour la religion, il alla quereller les Sarrasins, et un million de Français furent sacrifiés dans cette horrible entreprise. Dans une seule bataille, ce prince fanatique perdit quarante mille hommes. Il fut luxurieux jusqu'à l'excès, unissant la superstition au libertinage. Il dissipa les trésors de l'état à entretenir des courtisannes, et foula l'habitant des campagnes, pour bâtir des monastères. Tel fut Charlemagne, tel fut ce grand roi, dont les crimes ne sauraient racheter le bien qu'il a pu faire.

A Charlemagne, succéda son fils Louis; surnommé le *débonnaire*. Ce roi débonnaire, après avoir vaincu son neveu, lui fit crever les yeux. Tous ses compagnons d'infortune eurent le même sort. Peu satisfait de cette atroce vengeance; il les fit tous décapiter quelques jours après. Il abandonna ensuite les rênes du gouvernement à sa femme, dont la conduite indigna toute la nation. Ce Louis est un de nos *bons rois*.

Ses successeurs furent féroces ou imbéciles, livrèrent la France à des guerres sanglantes, la déchirèrent par leurs divisions, écrasèrent le peuple d'impôts, et finirent par se rendre si méprisables, que la plupart des seigneurs osèrent se rendre indépendans, et s'approprièrent, comme héritage, les duchés, les comtés, les baronnies, qui ne leur étaient accordés qu'à vie. Enfin, Hugues Capet s'empara du trône, et fut le chef de la troisième race.

Pour dépouiller les Carlovingiens, il empoisonna d'abord Lothaire et son fils; Lothaire qui ne laissa, après lui, que l'horreur de son nom, par la manière atroce dont il avait régné. Le trône revenait à Charles de Lorraine, comme frère de Lothaire, et son seul héritier; Hugues Capet, qui s'était assuré des seigneurs, en approuvant leur usurpation, les assembla, et se fit proclamer roi. Il enferma Charles et sa famille, et les laissa mourir en prison. Ainsi le meurtre et la cruauté de Hugues, la féodalité qu'il consacra, furent les titres qui méritèrent aux Capets, la couronne de France. Ne sont-ce pas là des titres bien respectables ? Comment les partisans des Capets osent-ils soutenir que ces gens ne tiennent leur couronne que de Dieu ? le crime est donc leur Dieu ?

A la tyrannie des rois de France, sous les premiers Capétiens, se joignit la tyrannie des seigneurs, d'autant plus insupportable, qu'elle frappait sur chaque famille qui se trouvait à tous les instans, en rapport direct avec le seigneur du lieu. Il n'y avait pas de mince hameau, qui n'eut son seigneur, c'est-à-dire, un tyran féroce, foulant aux pieds les droits les plus sacrés de l'humanité, et cherchant à se dédommager, sur ses sujets, de l'empire qu'exerçait sur lui le seigneur, auquel lui-même était soumis. Nul propriétaire ne pouvait compter sur les acquisitions les plus légitimes; le seigneur l'en dépouillait au gré de sa cupidité. Nul époux n'était sûr de la possession de sa femme, nul père de l'honneur de sa fille; le seigneur, quand bon lui semblait, les enlevaient pour les faire servir à ses plaisirs. Ravisseur effronté des femmes et des filles de ses vassaux, il punissait ceux-ci d'oser en murmurer. Dans beaucoup d'endroits, le roturier, désigné sous le nom de vilain, ne pouvait se marier, sans que le seigneur ne couchât avec sa femme la première nuit des noces. Ici, l'habitant de la campagne, comme une bête de somme, était obligé de cultiver son champ; là, de lui porter sur les épaules, et non autrement, le bled dont il lui était redevable. Pour vendre sa récolte, pour ensemencer ses terres, il fallait l'agrément du seigneur, qui se complaisait à les ravager avec ses chiens et ses chevaux, afin de s'égayer à la chasse. Ainsi, en un seul jour, se consommait la ruine d'un cultivateur. La France n'offrait que le spectacle affreux des guerres civiles, sans-cesse renaissantes. Elle était livrée au plus horrible brigandage. Ces seigneurs n'étaient qu'une bande de voleurs privilégiés, qui, à main armée, infestaient toutes les routes, attaquaient et dépouillaient les passans. Avaient-ils besoin d'argent, ils sortaient à l'improviste, du fond de leurs repaires, ou de leurs châteaux, fondaient sur les villes qui les avoisinaient, les pillaient ou les mettaient à contribution.

Voilà, en tems de paix, quel était leur passe-tems; mais les Français jouissaient rarement de cette paix désastreuse. Chacun de ces seigneurs n'était occupé qu'à se faire la guerre, et leurs malheureux vassaux, obligés de s'armer pour soutenir leurs prétentions, abandonnaient le soin de leurs affaires, et passaient toute leur vie à s'égorger avec les vassaux des seigneurs voisins; on ne cessait de voir les hameaux armés contre les hameaux, les villes contre les villes. Des villages entiers étaient incendiés; des milliers d'hommes périssaient dans ces guerres intestines. Le feu et le fer décidaient de tout, le meurtre, le viol, les rapines, se reproduisaient tour-à-tour dans chaque parti. Le vainqueur se dédommageait par les actes les plus féroces. Les plus grands crimes lui étaient permis, le vaincu seul avait tort.

Pendant que les seigneurs mettaient si fort à profit les droits de leurs seigneuries, le roi leur maître, ne manquait pas non plus d'user amplement des droits de la royauté.

Robert fut le successeur de Hugues Capet. Ce roi d'une grande nation, durant trente-quatre ans, ne s'occupa qu'à composer des hymnes, à réciter son rosaire. Entièrement sous le joug des prêtres, il dépouilla le comte de Sens de ses biens, pour le punir de n'avoir pas voulu fléchir sous un archevêque. Aussi féroce qu'imbécile, il fit brûler à Orléans, des chanoines, réputés hérétiques, et se donna le plaisir barbare d'assister à ce spectacle.

Henri Ier. lui succéda ; il fut inepte, dur et hautain. Il laissa la couronne à Philippe Ier., qui trafiqua de la justice, se fit un jeu de ses promesses, envahit les biens des enfans de son tuteur, et les vendit à son profit.

Louis VI, dit le Gros, prit les rênes de l'état. Ce roi inepte, et dévot, ne sut que s'agenouiller devant des papes et des reliques. Il laissa les seigneurs déchirer le sein de la France, par les guerres civiles, et abandonna le royaume à leur brigandage. Nommé juge d'une contestation, il dépouilla le légitime héritier, pour donner à celui qu'il espérait faire servir à ses vues.

A sa mort, la couronne passa sur la tête de Louis VII. Vainqueur du comte de Champagne, il mit ce pays à feu et à sang, embrâsa un temple de la ville de Vitry, où s'étaient réfugiée une foule d'habitans, et se divertit à les voir périr au milieu des flammes.

Il eut pour successeur, Philippe II, dit Auguste, surnommé encore *Dieu-donné*. On le regardait comme un présent de la divinité. Voyons ce qu'il fit de grand et d'auguste, pour avoir mérité ces surnoms. Il débuta par expulser tous les Juifs de France, ordonna de condamner à l'amende les nobles, et de noyer les roturiers qui s'avisaient de jurer par corbleu, ventrebleu. Il fut prodiguer en Asie, pour la cause de la religion, les richesses de sa patrie, et le sang des Français. Il avait promis solennellement, à Richard, roi d'Angleterre, autre fou, qui s'était ligué avec lui, pour conquérir la terre-sainte; il lui avait promis de ne rien entreprendre contre ses états, à son retour en Europe, pendant que Richard poursuivrait en Asie, l'exécution de leur plan. A peine fut-il en France, qu'infidèle à son serment, il s'empara d'une partie des états de ce prince. Les Albigeois, indignés des débordemens et de la conduite scandaleuse de leurs prêtres, se soulevèrent contre eux. Simon de Montfort, du consentement de Philippe et du Pape, saccagea le Languedoc, y porta le fer et le feu. Six mille hommes furent égorgés dans la seule ville de Béziers. Le sang ruisselait dans les rues. Carcassonne, Castelnaudari et Moissac, furent traitées aussi cruellement. Le comte de Toulouse se plaignit à Philippe, son beau-frère, et demanda, mais en vain, qu'il mît fin à ces atrocités. Lui-même fut poursuivi, la ville de Toulouse prise, et vingt mille personnes y furent massacrées. Quel roi auguste! quel présent de la divinité! A quel dégré d'abrutissement et de misère, doivent être réduits les peuples qui regardent de semblables brigands, comme des bienfaits du Très-haut!

Son fils, Louis VIII, se montra digne de ce père cruel. Il ravit les biens de ce comte de Toulouse, son oncle, et le força d'aller se jetter aux pieds du pape, et d'en recevoir la discipline. Il continua à saccager le Languedoc, pour en punir les habitans de leur prétendue hérésie.

Nous voici au règne de Saint-Louis. Quels furent ses titres, pour être canonisé? Ce prince, sans doute, eut à cœur de soulager le peuple Français. Ce qu'il fit pour ce généreux dessein, mérite des éloges; mais; sous ce règne, le mal est à côté du bien. Le fanatisme le rendit coupable de grands crimes. Il fit poursuivre à outrance, et brûler ceux qu'il proscrivait comme hérétiques. Il se coalisa avec le pape Honorius, pour dépouiller Frédéric, son allié, des états de Naples et de Sicile, dont il mit en possession le duc d'Anjou, son frère. Celui-ci, ayant fait prisonnier Frédéric, avec un grand nombre de seigneurs, les égorgea; et pour comble d'indignité, fit promener en spectacle dans toutes les villes de la Pouille, Henri, fils du roi de Castille, enfermé dans une cage. Eh! bien, ce Louis IX, ce saint homme, loin de réprimer dans son frère ces actes atroces, le seconda dans toutes ses entreprises. La rage d'aller ravager la Terre-sainte, s'empara aussi de lui. Il traîna à sa suite des milliers de Français, qui trouvèrent leur tombeau en Asie. A son retour en France, il n'eut rien de plus pressé, que de renouveler ses ordonnances sanguinaires contre les jureurs. Peu satisfait d'avoir appauvri le royaume d'hommes et d'argent, par sa première expédition contre les Sarrasins, il fut assez prodigue du sang de ses sujets, pour oser encore les traîner à la

conquête

conquête de la Terre-sainte, où il échoua de nouveau et perdit presque toute son armée. Ainsi, ce bon, ce saint roi, pour satisfaire ses caprices, se joua audacieusement de la vie des humains. Enfin, il mourut, et on lui ouvrit les portes du ciel. Dieu nous préserve d'y entrer jamais, s'il n'est peuplé que de pareils saints.

Philippe III, son successeur, fut aussi prodigue du sang des Français, que son père. A peine de retour en France, avec les débris de l'armée de Louis IX, il épousa la cause du duc d'Anjou, usurpateur de la Sicile; leva, en sa faveur, une armée formidable, dans cette France déjà épuisée d'hommes; mais heureusement pour la nation, que la peste dont il fut atteint dans son camp, l'arrêta au milieu de sa carrière. Il mourut, et laissa le sceptre à Philippe le Bel.

Ce Philippe le Bel, débuta par une perfidie atroce : il invite le comte de Flandres, son parent, à venir le voir. Ce prince défère à son invitation, et Philippe le fait arrêter avec sa fille, les plonge dans un cachot, où périt cette jeune personne. Les guerres injustes qu'il soutint dans la Flandres, coutèrent la vie à quatre cents mille Français. Il ordonna de sang froid, le massacre des Templiers, pour s'emparer de leurs biens. Il fut faux monnoyeur.

Louis X, son héritier, ne régna qu'un an. Il avait hérité de tous les vices de son père. Pour se vanger de n'avoir pû subjuguer la Flandres, il fit pendre Enguerrand de Marigny.

Sous le règne de Philippe Lelong, le peuple fut pressuré en tous sens. Il fit rentrer les Juifs pour de l'argent; et après en avoir été payé, il les chassa de nouveau.

Ce roi parjure, laissa la couronne à Philippe de Valois. Celui-ci accabla les Flamands d'impôts. Se trouvant dans l'impossibilité de payer, ils firent des remontrances qui ne furent pas écoutées, et voulurent opposer la force à la violence; mais ils furent vaincus. Philippe en ordonna une horrible boucherie, réduisit en cendre, Cassel, et plusieurs de leurs bourgs. Son caractère vain et insolent, lui suscita des guerres affreuses. Dans un seul combat naval, il perdit trente mille Français; à la bataille de Crequi, toute son armée fut hachée. Pour réparer l'épuisement du trésor public, dont lui seul était la cause, il s'empara de la fortune des banquiers et des financiers, et falsifia la monnaie.

A sa mort, Jean, son fils aîné, monta sur le trône. Celui-ci, sans motif, de sa seule autorité, fit arrêter Raoul, connétable de France, qui revenait des prisons d'Angleterre, et deux jours après, le fit périr secrètement. Deux autres seigneurs eurent la tête tranchée par ses ordres, et sans jugement. Son injustice, envers le roi de Navare, coûta à la France, une guerre sanglante; et sa dureté causa la ruine de toute son armée. Edouard, roi d'Angleterre, enveloppé avec sa troupe, par l'armée Française, demande à composer; ce vainqueur insolent ne veut entendre à aucun accomodement. Edouard, ne prenant plus conseil que du désespoir, fait les derniers efforts, taille en pièce l'armée Française, et fait prisonnier Jean, lui-même. La France, épuisée par l'inconduite de ce roi, ne laissa pas de le racheter, en consentant à d'énormes sacrifices. A son retour, s'occupera-t-il, pénétré de reconnaissance, à réparer les maux dont il a grévé la nation? Les rois connaissent-ils ce sentiment? Ils se persuadent, à raison du pouvoir dont ils sont revêtus, que les services qu'on leur rend, ne sont que des devoirs. Il ne profita de sa liberté, que pour rallumer les flambeaux de la guerre, et agrandir les plaies de l'état. Mieux eût valu le laisser à jamais dans sa prison.

Encore sur la scène, un de ces rois dont on nous vante la belle administration. C'est Charles V, surnommé le *Sage*. Il commença par violer le traité d'alliance que son père avait fait avec Edouard. Dans une guerre sanglante, fruit de cette violation, périrent des milliers de Français. Ils s'immisça dans les différens de deux princes qui ne le regardaient nullement, déclara la guerre à l'un, pour soutenir l'autre, et prodigua à grands flots, le sang Français. Dans une seule bataille, il perdit vingt-quatre mille hommes. Qu'elle sage administration ! La sagesse des rois ne ressemble donc guères à celle des autres hommes. Celui dont il épousa la cause, et qu'il prit sous sa protection, était un assassin, et l'assassin d'un frère. Les habitans de Montpellier avaient à se plaindre des vexations de ses agens. Charles refusa de faire droit à leur plainte; ces malheureux se virent obligés de résister à l'oppression. Le duc de Berri, fut chargé de les réduire; mais ils n'attendirent pas d'en être attaqués. Ils vinrent implorer sa clémence, avec les marques les plus flétrissantes du repentir. Ils se présentèrent la corde au col. Néanmoins, ce fidèle exécuteur des ordres du roi, en fit périr six cent, pris indistinctement dans toute la ville. Deux cents furent décapités, deux cents pendus, et deux cents brûlés. Tous les biens des condamnés furent confisqués, leurs enfans déclarés infâmes, et réduits à la servitude. Ce Charles, surnommé le *Sage*, applaudissait à ces cruautés.

Il eut, pour successeur, Charles VI, son fils, âgé de douze ans. Pendant sa minorité, la France fut déchirée par des guerres civiles. Autour du trône, on ne voyait que perfidies et assassinats. A sa majorité, il porta la guerre en Flandres, en soumit les villes, et en fit massacrer les gouverneurs, quoiqu'ils se fussent rendus prisonniers de guerre. Il réduisit Courtrai en cendre, pour la punir de célébrer annuellement une défaite des Français, qui avait eu lieu soixante ans auparavant. Paris, Rouen, et Orléans écrasées d'impôts, en réclamèrent vainement la diminution. Ces villes se soulevèrent. Cependant, Paris lui ouvrit ses portes sans faire de résistance. Charles, peu satisfait, fit pendre, en sa présence, trois cent des plus notables habitans. Il s'empara de la moitié des biens de tous les Parisiens, que l'on jugeait à propos de soupçonner, d'avoir pris part à la sédition. Rouen et Orléans, furent traitées plus cruellement encore. On y fit mourir sans jugement, tous ceux dont on convoitait la fortune.

Sous le règne de Charles VII, le royaume fut livré à toutes les horreurs de la guerre civile. Henri VI, roi d'Angleterre, lui en disputait la possession. Il fut faible et barbare: faible, il laissa brûler, pour sorcellerie, des hommes qui l'avaient servi fidèlement, entr'autres, le maréchal de Rhes. Il ne daigna faire aucun effort pour sauver la pucelle d'Orléans, des mains des Anglais. Il fut barbare; par ses ordres, périrent le duc d'Alençon, qui lui avait rendu des services signalés, et Alexandre d'Orléans, dont tout le crime était de s'être raillé de ses amours. Encore Dauphin, il s'était déjà signalé par un assassinat.

Le sceptre passa dans les mains de Louis XI. Les habitans de Rheims, indignés des exactions des préposés aux gabelles, se soulevèrent. De Mouï, envoyé par lui, entra secrètement dansl a ville, accompagné d'un grand nombre de soldats, saisit au hasard, cent des plus notables de la ville, et les fit pendre par ordre de Louis XI, sans s'assujettir à aucune forme de procédure. Ce tyran promit de tout pardonner, en terminant la guerre, dite du bien public ; néanmoins, il égorgea une foule d'habitans de Rouen. Deux de ses plus fidèles serviteurs, il les livra à la haîne du duc de Bourgogne, sous la condition que celui-ci abandonnerait à ses fureurs, son frère, les ducs de Guyenne et de Bretagne. Il empoisonna son propre frère. Après avoir juré amitié au comte d'Armagnac, il l'assassina peu de jours après, et saccagea la ville d'Arras, que d'Armagnac avait remise en ses mains. De sa seule autorité, il condamna à mort le duc de Nemours. Cet exécrable scélérat, fit placer les enfans du duc, sous l'échafaud où il allait être exécuté. Il les revêtit de robes blanches, sur lesquelles ruisselait le sang de leur père. Ils en furent tous couverts. Ce brigand jouissait délicieusement de cet affreux spectacle. Les gémissemens de ces infortunés, leurs larmes assaisonnaient son horrible jouissance. Après cette exécution, il les enferma dans des cachots tout parsemés de pointes, dont ils étaient lacérés à tout moment. Deux fois par semaine, il les en sortait pour les faire fustiger, et tous les trois mois, par ses ordres, on leur arrachait une dent. A la prise d'Arras, il massacra les soldats qui s'étaient rendus prisonniers. Il couvrit la France d'échafauds : en peu de tems, furent égorgées, par ses ordres, quatre mille personnes. On roua les unes, on pendit les autres. Ce monstre ferma enfin les yeux à la lumière. Il mourut de sa mort naturelle. Dans ce peuple lâche et abruti, il ne s'était trouvé nul homme, assez courageux, pour punir ce tyran, et abréger son homicide carrière.

Charles VIII, commença son règne, par attaquer injustement le duc de Bretagne. Il ruina son pays, égorgea ses officiers, lui ravit ses états; et après l'avoir fait descendre au tombeau, il força la fille de ce prince à l'épouser, quoiqu'elle fût déjà l'épouse de l'empereur Maximilien.

Il mourut sans postérité. Louis d'Orléans, son proche parent, devint roi de France, sous le nom de Louis XII. Il fut surnommé le *Père du Peuple*. Le père du Peuple, si je ne me trompe, est avare de son sang, économe de sa fortune, attentif à ses besoins ; il conserve ses droits, ses privilèges, ceux, sur tout, dont le but est de le préserver de l'arbitraire ; tous ses moyens, toutes ses pensées, il les dirige au bonheur du peuple. Louis XII, en agit tout autrement. Il marqua le commencement de son règne, par la destruction des privilèges de l'université de Paris, en soumettant cette ville au joug militaire. Pour être autorisé par le pape Alexandre VI, le plus scélérat des hommes, à répudier son épouse, il prodigua l'or de la France, et le sang de ses sujets dans une guerre injuste, et consentit à livrer une femme Française, à la luxure de Borgia, neveu du pape, au choix de cet infâme cardinal. Il se parjura hautement par un faux serment, dans ses démêlés avec Jeanne sa femme, avec laquelle il voulait divorcer. Il vendit, à l'encan, les offices royaux; faisant dépendre le sort des Français, de la cupidité, et de l'ignorance. Quel père du peuple! Sujets des rois que vous êtes à plaindre, puisque ceux même d'entre eux, que vous regardez comme vos pères, ne peuvent vous donner d'autre preuve de tendresse, que de ne pas vous écraser entièrement. Ils versent votre sang, dissipent vos trésors, au gré de leur fantaisie; mais parce qu'ils ne sont pas aussi féroces que leurs prédécesseurs, qu'ils ne consomment pas votre ruine, vous vous trouvez heureux, et leur en témoignez votre reconnaissance, en consacrant leur nom.

Il fut remplacé par François Ier. Ce François, pour dépouiller la nation de ses droits, et le faire avec impunité, se couvrit de l'autorité du pape; celui-ci lui conféra le droit de nommer, à tous les évêchés vacans, auxquels le peuple nommait auparavant, et François, pour l'en remercier, lui en accorda la première année de revenu. Il trafiqua ouvertement, des charges de juge. Il couvrit la France d'échafauds. Partout on brûlait, on écartelait les Luthériens. Dans la seule Provence, ses agens égorgèrent six mille personnes, hommes, femmes et enfans, et incendièrent trente bourgs. Pour assouvir son orgueil, il fit de l'Italie un vaste tombeau des armées Françaises. Il condamna à mort, un seigneur, pour complaire à une de ses maîtresse. Il obligea Jeanne de Poitier, à se prostituer pour obtenir la grâce de son père. Tel fut François Ier., que l'on nous donne pour un grand roi, et qui mourut de la vérole.

Henri II, son héritier, rendit des édits de sang contre les jureurs. Ce roi barbare voulut que le droit des parties se décida par le duel.

Il serait difficile d'énumérer le nombre des Luthériens, dont il ordonna le massacre. Chaque jour éclairait le supplice d'une foule de ces malheureux. Le spectacle de leurs tourmens, les cris plaintifs que leur arrachait la douleur, lui servaient, ainsi qu'à sa cour, de divertissement. Il payait les faveurs de la duchesse de Valentinois, sa maitresse, avec le sang, et les dépouilles de ceux que l'on suppliciait.

François II, ne régna que seize mois, et il employa ce peu de tems à faire égorger les protestans, et à saccager les villes qu'ils habitaient.

Charles IX, monta sur le trône. Il remplit la France de buchers et d'échafauds. Partout, pour lui complaire, on massacrait les protestans; on livrait leurs propriétés aux flammes. Les parlemens, pour seconder ses fureurs, ordonnait, dans des édits, de courir sus, et de les tuer. Les filles étaient violées dans les bras de leur mère, et ensuite pendues ou noyées; les épouses deshonorées aux yeux de leurs époux. On ouvrait les entrailles des femmes enceintes; on en retirait leur fruit, pour le déchirer par morceaux. Les prêtres avaient soin de sanctifier tant d'horreurs.

Charles et sa mère, toujours insatiables de sang, méditent de massacrer tous les protestans en un seul jour. Ils feignent de vouloir donner la paix aux malheureux protestans. Pour garant de l'union qu'il contracte avec eux, Charles marie sa sœur, avec Henri de Navarre. Les protestans, sur ses promesses authentiques, sur les gages de son amitié, se livrent à une sécurité profonde. Charles, profite de leur confiance; à la même heure, dans toute la France, à l'ombre des voiles de la nuit, il fait assassiner tout ce qui est connu pour protestant. Lui-même se donnait l'exécrable plaisir de fusiller d'une fenêtre de son château, ceux d'entre eux qui voulaient fuir la mort.

Henri III, prit le sceptre ensanglanté de son frère. Il se livra aux plus honteuses débauches, brûlant d'un amour effréné pour les hommes de sa cour. Non moins féroce que Charles IX, il continua l'égorgement des protestans. Il fit assassiner Guise, dont il redoutait l'ambition, et fut à son tour, assassiné par un moine jacobin.

Nous voici au règne de Henri IV, de ce roi, dont on nous vante la mémoire et l'amour pour le peuple. Il va, sans doute, s'occuper à rendre des édits populaires, à économiser les finances de l'état, à abaisser, comme fit Louis IX, l'orgueil des seigneurs. Point du tout : tant qu'il combattit pour conquérir le trône, il présagea un règne heureux ; mais quand il eut surmonté les difficultés qui l'en tenaient éloigné, il ne fit rien pour le bonheur du peuple, et ne régna que pour lui. Il se contentait d'affecter la popularité dans ses discours, de faire des vœux pour le bien de ses sujets; et la multitude était hébêtée d'aise, qu'un roi daigna s'occuper d'elle. Que prouve son code de la chasse ? un roi barbare, qui compte le paysan pour rien, et fait infiniment plus de cas des lièvres et des lapins. Il ordonne de fustiger jusqu'au sang, il condamne à la mort, celui qui sera surpris, seulement, avec un fusil. Les nobles étaient tout pour lui ; du reste des Français, il paraissait en faire peu de cas. Pour enrichir ses maîtresses, il accabla le peuple d'impôts, trafiqua des charges de juges. Plusieurs particuliers étant à dîner dans un cabaret, et ne l'ayant pas reconnu, refusèrent de l'admettre à leur table. Pour s'en venger, il les fit assommer. Quel trait de bonté ! Au reste, de tous les Capets, il est celui qui a fait le moins de mal.

Son fils, Louis XIII, fut surnommé *le Juste*. Telle fut la justice qu'on admira en lui. Il remit en vogue, les châtimens contre les jureurs, assassina Concini, le maréchal d'Ancre, et fit écarteler une foule de seigneurs, et périr son propre frère; il laissa mourir sa mère de faim. Sous son règne, le peuple fut écrasé d'impôts. Ayant pris la ville de Montrevel, il pardonna aux officiers, et fit pendre les soldats. Pourquoi cette différence. Ce féroce tyran, ne pouvait se rassasier de meurtres. Chaque jour était marqué par des arrestations arbitraires, ou des exécutions sanglantes. Toutes les prisons étaient remplies de monde. Quand il n'avait pas de prétexte contre ceux qu'il voulait faire mourir, il les faisait juger par des commissions à sa dévotion. Pour frapper de mort plus promptement, et ne laisser aux accusés, aucune défense, on foulait aux pieds toutes les formes protectrices. Au siége de la Rochelle, ayant rencontré hors de la ville, les femmes, les enfans, des habitans, et les vieillards qui en étaient sortis, il les fit impitoyablement massacrer. Cent mille Rochelais périrent dans ce siége. Il fit brûler le curé de Loudun, pour crime de sorcellerie. Pour punir les habitans d'une ville du Vivarais, il la saccagea, et en massacra toutes les femmes et les enfans. Je ne finirais pas à énumérer tous les crimes dont s'est souillé ce brigand.

Louis XIV, surnommé *le Grand*, fut l'héritier de sa couronne. Si l'orgueil, l'insolence, la perfidie, l'injustice, la cruauté, constituent le grand homme; si fouler les peuples, les opprimer, prodiguer leur sang et leurs richesses; si ravager la terre pour satisfaire son ambition, si être le fléau des nations, sont des titres à l'admiration de son siècle, et de la postérité; sans doute cet homme fut un grand roi, et nous devions conserver avec soin, les monumens élevés à sa gloire. Personne, plus que lui, ne fut insolent, orgueilleux, perfide, injuste, cruel. Sous son règne, le sang du peuple Français ne fut pas épargné, Il se faisait un jeu d'allumer les guerres les plus injustes, et de bouleverser l'Europe. Il prodiguait, à pleines mains, les trésors de l'état. Plusieurs fois, il mit la France sur le penchant de sa ruine. Tous les malheurs, tous les désastres dont il fut la cause, il les contemplait d'un œil sec. Jamais son cœur de fer ne fut ému du tableau déchirant de toutes les calamités qu'il versa sur son pays.

Mais, qu'a-t-il donc fait pour commander l'admiration ? Rien. Quelle victoire a-t-il remportée ? A quelle bataille s'est-il distingué ? Loin du tumulte des camps, endormi dans les bras des plaisirs, il savourait, sur le sein de ses maitresses, l'insensibilité, et l'oubli des maux qu'il faisait à l'Europe Il eut de grands généraux ; de grands hommes ont paru sous son règne, mais leur gloire leur appartient toute entière. Louis XIV est le geai superbe que l'on pare des plumes du paon. Il ne fut ni Turenne, ni Condé, ni Villars, ni Vauban, ni Colbert. Il ne leur ressembla en rien. Il ne sçut qu'être jaloux de leur mérite. Ce grand roi n'a donc rien fait de grand, par lui-même, si ce n'est de grands actes d'orgueil, de perfidie, et d'inhumanité ; mais dans les gouvernemens monarchiques, l'inutile monarque ne sert qu'à envahir la gloire de ses sujets. Dans le gouvernement Républicain, au contraire, la gloire du grand homme lui reste entièrement.

A peine eut-il prit les rênes de l'état, qu'il laissa éclater l'orgueil du despotisme, dont son cœur était dévoré. La France, indignée contre la conduite tyrannique du cardinal Mazarin, demanda son exil. Le parlement de

Paris

Paris se déclara hautement contre ce ministre. Louis XIV céda, non par respect pour le vœu national, mais par nécessité. Il le rappela, dès qu'il se crut en mesure de braver le mécontement public. Il eut l'insolence de se rendre au parlement, en bottes, et le fouet à la main, pour lui ordonner de se dissoudre. Il s'était engagé à secourir la Hollande contre l'Angleterre; mais au mépris des traités, il refusa de le faire. La Hollande fut obligée d'acheter, de nouveau, sa protection. Quoique allié de l'Espagne, il ne laissait pas de fournir des secours au Portugal pour la combattre. Les traités les plus saints, il n'hésitait pas à les violer. Il secourait la Hollande contre l'évêque de Munster, l'opprobre de son diocèse, et payait secrètement cet évêque, pour trahir cette puissance. Il y porta le ravage et la dévastation. Il massacrait les Hollandais, pour leur faire embrasser sa religion ; deux de leurs villes les plus riches, furent livrées aux flammes et abandonnées au pillage, les habitans en furent égorgés : leurs femmes, leurs filles, furent la proie du soldat. Il dépouilla Charles, son beau-frère, des provinces de Flandres et du Brabant, lorsque ce prince, encore enfant, eût du trouver en lui un protecteur. Au milieu des camps, il déployait tout le luxe asiatique.

Peu content des excès affreux commis par ses ordres, dans la Hollande, il fit répéter ces scènes d'horreur dans le Palatinat et dans l'Alsace. Il réduisit en cendre presque toutes les villes et les bourgs de ces pays. A la lueur des flammes, on voyait les infortunés habitans de ces contrées, fuir pour échapper à la mort, errer çà et là sur les routes, dans les champs, ne sachant où se réfugier. On n'entendait que des cris lugubres, de longs gémissemens se mêlant au fracas terrible des maisons qui s'écroulaient, des pierres qui sautaient en éclats. La mère éplorée, portant au hasard ses pas incertains, serrait son nourrisson contre son sein. Elle levait au ciel des yeux baignés de larmes, qu'elle reportait ensuite sur son enfant. Ces larmes, qui ruisselaient sur sa mamelle, étaient la seule nourriture qu'elle lui donnait. Le vieillard, le désespoir dans l'ame, s'éloignait, d'un pas tremblant et précipité, de son asyle unique, fruit de soixante ans de travail. En un instant s'évanouissait la fortune d'un million de familles, à qui il ne restait plus que la misère et une horrible perspective.

Toujours insatiable de ruines, il marche de ravage en ravage. Il semble ne vouloir faire de l'Europe qu'un vaste tombeau. A peine a-t-il fait la paix avec une puissance, qu'il en attaque une autre; souvent il rompt, un instant après, le traité qu'il vient de conclure; c'est ainsi qu'enfraignant le traité de Nimèque, il fit bombarder Luxembourg, s'empara de Courtrai, de Trèves, etc. Enfin, il parvint à réduire la France à la plus extrême misère, à l'épuiser d'hommes et d'argent, et cela en pure perte; car il fut contraint de restituer toutes ses conquêtes. Pour réparer ses finances il falsifia les monnaies, leva des impôts énormes, trafiqua de toutes les charges de l'état, en créa de nouvelles pour faire de l'argent: encore détournait-il, pour solder ses maîtresses, les sommes que lui procuraient ces moyens scandaleux? Il poussa la lubricité jusqu'à séduire la femme de son frère.

L'ingratitude fut aussi une de ses qualités. Son frère triomphe à Mont-Cassel; loin de lui en témoigner sa reconnaissance, il lui retire le commandement des armées. Duquesne n'eut aucune récompense pour les services qu'il lui avait rendus, parce qu'il était protestant. » Quand j'ai combattu pour vous, lui dit ce

» grand marin, je n'ai pas songé si vous étiez » d'une autre religion que moi ». L'ame endurcie de ce tyran, ne sut pas apprécier ces paroles. Il poussa la barbarie jusqu'à forcer le fils Duquesne à s'expatrier, pour raison de sa religion.

Ce n'était pas assez pour satisfaire sa cruauté, d'avoir consommé la ruine du royaume, dans des guerres continuelles, il lui fallait en diminuer encore la population, en égorgeant ses sujets. Persécuteur effréné des protestans, il n'y eut pas de véxations, point de tourmens qu'il ne leur fit endurer. C'était avec la bayonnette et les échafauds, qu'il prétendait leur prouver l'excellence de sa foi. Les cachots regorgeaient de ces malheureux; les galères en étaient couvertes. Ici, on les rouait, là, il les faisait fusiller. On brûlait vifs ceux qui s'étaient convertis; mais dont la conversion était suspecte. Il força cent mille familles à sortir du royaume, et confisqua leurs biens. Les habitans du Vivarais et des Cévennes prirent les armes pour se défendre et repousser la mort. Il ordonna de les attaquer, et fit rouer ou brûler tous ceux qui furent faits prisonniers. Enfin, il tomba malade, et rendit le dernier soupir; mais en descendant au tombeau, il laissa la France grévée de quatre milliards et demi de dettes.

Que dire de Louis *le Bien-aimé*, de Louis XV, il n'eut pas la férocité de Louis XIV; mais doué d'une ame faible, amant passionné du libertinage et de la crapule, il fit, par ses vices autant de mal à la France que ce barbare monarque. Eh! qu'importe aux peuples de quelle source viennent leurs maux! Que leur importe d'être opprimés, à raison de la faiblesse, de l'ignorance de ceux qui les gouvernent, ou de leur orgueil et de leur barbarie? En sont-ils moins malheureux? en sont-ils moins à plaindre? Que les chefs des états en déposent les rênes, s'ils ne peuvent les tenir; mais s'ils persistent à les garder, ils n'en sont pas moins responsables des calamités dont ils sont la cause, soit par méchanceté, soit par incapacité; ils n'en méritent pas moins l'exécration des peuples qu'ils écrasent.

A peine majeur, Louis XV ouvre sa carrière royale par un trait d'une basse perfidie. Il accueille gracieusement le duc de Bourbon, et l'invite à sa maison de Rambouillet, comme à une partie de plaisir. Celui-ci ne le soupçonnant pas d'être un fourbe, se rend à son invitation; mais Louis XV le fait arrêter et conduire en exil. Les plaies profondes que Louis XIV avait faites à l'état, saignaient encore; on avait besoin, pour les fermer, d'une paix de longue durée. Louis XV n'eut rien de plus pressé que de déclarer la guerre à l'Empire. Il soutint, contre l'empereur Charles V, une guerre longue et sanglante, où périrent six cent mille Français. A peine eut-il fait la paix, que, de concert avec le roi de Prusse, il attaqua Marie-Thérèse. Dans cette nouvelle entreprise, les armées Françaises furent détruites en Bavière et en Bohème, presque sans combat. Les soldats, à la retraite de Prague, tombaient morts de froid. A la seule bataille de Fontenoi, périrent trente mille hommes. Enfin, il conclut la paix à Aix-la-Chapelle, après huit ans d'une guerre désastreuse, de ruines et de nombreux massacres. Les campagnes étaient dévastées, les finances épuisées; néanmoins il recommença la guerre contre l'Angleterre, au sujet de quelques portions de terre près le Canada. Ce roi imbécile, instrument passif des intrigues de sa cour, esclave de ses maîtresses, à la cupidité desquelles il abandonnait le sort des Français, laissa completter la ruine du royaume. On vendait audacieusement les armées à l'or des puissances ennemies. Chacune de nos défaites étaient arrêtées d'avance à un prix convenu. Tel général, en allant prendre le commandement d'une armée, avait ordre de la laisser tailler en pièces. Celui qui ne voulant pas être un traître, s'opposait aux efforts de l'ennemi, était rappelé et disgracié. Ce stupide monarque, vil jouet des catins de sa cour, semblait n'être sur le trône que pour se vautrer dans les plus infâmes débauches. Il séduisit jusqu'à ses propres filles. Aussi barbare que dissolu, il empoisonna son fils et sa belle fille. Enfin, ce Louis, le bien-aimé, mourut de la vérole, fin bien digne du héros. On voit qu'il à mérité le surnom de bien-aimé, comme le féroce Louis XIII, celui de Juste.

CHAPITRE XII.

Résumé du chapitre précédent.

FRANÇAIS, voilà quels furent vos rois, des hommes souillés de tous les crimes, fourbes, perfides, féroces, assassins, voluptueux jusqu'à l'excès, livrés aux plus honteuses débauches, fanatiques et cruels en même tems, se plaisant à égorger les hommes au nom de leur religion, quand ils ne les livraient pas à la boucherie, dans des guerres suscitées par leur orgueil et leur ambition. La race de vos Capets eut pour chef un usurpateur. Ce fut par un crime, par le poison, qu'il acquit la couronne à ses descendans. Ses dignes successeurs n'ont cessé de fouler le peuple, de verser à grands flots le sang Français, d'exercer la plus exécrable tyrannie sur toutes les classes, de commettre les plus horribles forfaits. Les crimes du régime de la terreur ne sont pas à comparer aux massacres innombrables, que la plupart de vos Bourbons ont ordonnés de sang-froid. Les cruautés de Louis XIV, de Louis XIII, de Charles IX, de François Ier., de Louis XI, et de tant d'autres, effacent ce que le régime révolutionnaire a pu produire d'atroce; mais les chefs de ce régime ont été punis, et tous ces rois sont morts tranquillement sur leur trône ensanglanté. Le régime révolutionnaire n'a été cruel que pendant six mois, (car il n'y a pas de cruauté à ne punir que les coupables), le règne atroce de chacun de ces rois, a duré autant qu'eux.

Qu'étiez-vous, peuple généreux ! esclave d'un maître, vous l'étiez encore de ses alentours. Vous receviez l'existence pour ramper, pour porter le joug jusqu'au dernier soupir:

Une poignée d'êtres privilégiés était tout, et vous rien, Le travail, la fatigue, les dangers, la plus servile obéissance, et le mépris ; voilà quel était votre partage ; les plaisirs, les jouissances de tout genre, la considération, le pouvoir étaient le leur. Les trésors de l'état, le produit de vos sueurs, servaient à leur luxe. Le sang qui coulait dans vos veines, ils avaient le droit de le répandre pour assouvir leur ambition. Votre courage, vos biens, vos talens, vos vertus, ne pouvaient jamais vous faire franchir la distance immense qu'il leur plaisait de mettre entre eux et vous. Dans l'ivresse de leur insolence, ils s'étaient faits les dieux de la terre, et vous en étiez la bête de somme. Quel Français, si ce n'est le plus vile des hommes, peut encore désirer un ordre de choses, où il ne venait au monde, que pour obéir toujours à des maîtres insolens, sans espoir, ni pour lui, ni pour les siens, de sortir jamais de cet état d'abjection. Homme stupide ! ne sens tu donc pas que tous les humains sont égaux ; que la vertu seule doit faire leur différence, et non le hasard de la naissance ; qu'ils ne doivent être considérés dans l'ordre social, qu'à raison des services qu'ils rendent à la société, et ne doivent commander, que quand leurs concitoyens les en ont jugés dignes. Le trône de tes maîtres, ce trône dégoûtant de sang, tout souillé de crimes, nous l'avons abbatu, pour renverser cet ordre affreux, où quelques hommes recevaient l'être pour commander et savourer les jouissances, et où des milliers d'autres n'ouvraient les yeux à la lumière, que pour servir à leur grandeur, et à leur plaisir.

Aujourd'hui tout Français devient citoyen, et peut s'élever à tout. C'est au plus adroit, au plus éclairé, au plus utile, qu'appartiennent la considération et la puissance. Nos magistrats ne sont que nos égaux, qui jouissent momentanément d'une supériorité que nous avons nous-même consentie, et chacun de nous peut espérer de les remplacer. Ils n'ont le droit à l'obéissance, que quand ils obéissent eux-mêmes à la loi. Tôt ou tard nous les punissons d'avoir abusé de leur pouvoir. Ah! sans-doute la législation de la république Française a besoin d'une grande amélioration. Le gouvernement est encore loin du but qu'il doit atteindre, la constitution pêche en des points essentiels. Des innocens gémissent, l'injustice a fait plus d'une victime; mais au sortir d'une révolution terrible, quelle déraison de vouloir dabord trouver la sagesse ! Elle n'habite pas au milieu des ruines, et des tempêtes; mais le passage du despotisme à la liberté est toujours semée d'épines cruelles. Est-il possible que les passions humaines se déchaînent avec violence, sans produire de funestes effets? Dans le choc des partis, la fureur excite la vangeance, et l'aveugle fureur ne sait pas distinguer entre le coupable et l'innocent. Tel est le triste sort des peuples, ils ne succombent sous le despotisme qu'en versant leur sang, et ce n'est qu'au prix de ce même sang, et des plus grands sacrifices, qu'ils rachètent leur liberté. Malheur à ceux qui veulent rendre vains leurs généreux efforts, ils creusent leur tombeau, et aprêtent du fiel pour le reste de leurs jours. Ils forcent les amis de la liberté à ne marcher que par sauts et par bonds, et à déployer des mesures terribles, souvent inconsidérées, dans la crainte de s'écarter de leur route. Où sont les coupables, sinon parmi ceux qui obligent à ces mesures !

Zélateurs de la religion réformée, calvinistes, luthériens, vous, qui, si souvent, sous la monarchie, avez rougi de votre sang cette France où vous avez vu le jour ! Vous, qui, pour prix des services que vous avez rendus à l'état, par votre industrie et votre courage; n'avez eu que les fers, l'exil et l'échafaud, rendez graces à l'Eternel, bénissez le courage des républicains, de ce que le joug odieux de la royauté est enfin brisé ! Ne craignez plus ces jours de deuil et de calamités, où l'on vous traitait comme les plus cruels ennemis de la patrie, où vous n'aviez pas un seul coin de terre où reposer vos têtes; vous, si fidèles, si résignés, si soumis aux lois; vous, qui ne demandiez qu'un peu de calme pour enrichir la France de vos moyens, et que la permission d'adorer Dieu à votre manière, et de prier selon votre entendement, pour la tranquillité et le bonheur du royaume. Rappelez à votre souvenir tout ce que vos ancêtres ont souffert sous nos *augustes* rois.

Quels cris plaintifs ! quels accens lamentables viennent porter, dans mon ame émue, l'horreur et la pitié ! Je vous entends, ombres gémissantes ! tristes victimes du fanatisme royal ! Je vous suis dans vos sépulcres, à travers vos ossemens ! Sortez de vos tombeaux, déployez à nos regards le tableau hideux de la plus exécrable tyrannie. Montrez-nous vos plaies sanglantes; indiquez vos bourreaux; les buchers ardens où vos corps furent jetés tous vivans; les roues où vos membres furent brisés. Dans le Languedoc, dans les Cévennes, dans toutes les parties de la France, par tout je vois dressés les instrumens de vos supplices; par tout, infortunés protestans, je vois les traces de vos malheurs. Ici, on livre vos femmes et vos filles à la brutalité du soldat; là, on vous poursuit à coups de fusils, on vous chasse comme des bêtes fauves; on ouvre le ventre de vos femmes enceintes, pour en retirer le fruit que l'on coupe en morceaux. Le père tombe immolé aux yeux de ses enfans, et tourne en vain vers ses bourreaux ses mains suppliantes; dans ses regards mourans, où se peint la pitié paternelle, il leur demande non sa grace, mais la leur. Pour toute réponse, on écrase ses enfans : il frémit, et ses regards s'éteignent à cette vue horrible.

Les cachots, les galères ne pouvaient suffire à vous contenir. Les rois et les prêtres soufflaient contre vous, dans tous les cœurs, leur rage homicide. De quelque côté que vous portiez vos pas, vous ne rencontriez que la persécution. Si vous échappiez aux cachots, si vous évitiez l'échafaud, c'était pour tomber sous le poignard des assassins. On vous égorgeait de sang-froid, tout en croyant faire un acte de religion. Vous ne trouviez aucun asyle; toute l'autorité était armée contre vous, et se faisait un devoir de vous poursuivre. Vos propriétés étaient ravagées, vos habitations incendiées. Proscrits, repoussés de toute part, vous erriez au hasard, ne sachant où porter vos pas, craignant à tout moment de tomber entre les mains de vos oppresseurs. Il ne vous restait qu'à fuir votre patrie, à chercher un refuge sur une terre étrangère; mais vous hésitiez, l'amour de la patrie vous retenait encore. Il fallut partir, il fallut dire à vos dieux pénates un éternel adieu, vous séparer de tout ce que vous aviez de plus cher. Vous ne verrez plus ces lieux qui vous ont vu naître, malheureux fugitifs! ces lieux où votre cœur forma ses premières liaisons, où votre bouche exhala le premier soupir de l'amour. Vous vous en éloigniez, mais en les arrosant de vos larmes. Vos soupirs, vos sanglots, étaient votre unique langage.

Non, ils ne reviendront plus, ces jours funèbres. La Liberté a brisé le sceptre ensanglanté des rois et le poignard des prêtres. Sous les débris du trône, elle a enseveli la torche du fanatisme. Il est libre à chaque homme d'adorer Dieu à sa manière. Nul ne sera inquiété pour le culte qu'il professe, pourvu qu'il n'en prenne pas occasion de conspirer, de troubler l'ordre social, et de prêcher le mépris des lois. Ils ne reviendront plus, si vous restez à jamais unis aux républicains. Vous tous qui adorez le Dieu suprême selon votre conscience et vos lumières, et avez une croyance différente de la croyance Romaine, protestans, juifs, déistes, la cause de la république est aussi la vôtre. Malheur à vous, si jamais vous la laissez détruire par les valets des rois. L'autel et le trône se prêteront un appui mutuel. Ils s'élèveront sur vos cadavres entassés, comme sur ceux des républicains. Pour vous tous, sur toute la surface de la France, seront redressés les gibets, les buchers et les roues. Par ce que vous avez souffert, quand vous n'étiez pas coupables, jugez du sort qui vous attend aujourd'hui, où vous avez commis le crime d'avoir embrassé des premiers la cause de la révolution; aujourd'hui, où le cœur de nos ennemis communs, n'est rempli que de rage et de vengeance. Quand ils sont les plus faibles, ils savent la déguiser sous les déhors de la modération; mais par les terribles effets de la réaction, par les crimes horribles auxquels ils se sont livrés, dès qu'ils ont cru avoir quelque puissance, il est facile de juger, pour peu que l'on soit clairvoyant, de leurs vrais sentimens, et des cruautés qu'ils vous réservent.

CHAPITRE XIII.

Du despotisme Conventionnel.

UN peuple qui veut se donner une constitution, ne pouvant par lui-même, dans ses assemblées trop tumultueuses, imaginer et méditer les lois fondamentales qui lui conviennent, choisit un ou plusieurs individus, qu'il charge du soin de lui présenter un code constitutionnel. Quelquefois il leur transmet l'exercice de sa souveraineté et le pouvoir absolu. C'est là le despotisme conventionnel. A Athènes, à Rome et en France, ce despotisme a été établi, et ces trois peuples ont eu lieu de s'en repentir. Les hommes élevés à cette puissance absolue, se sont montré d'abord sous de très-beaux déhors, mais la fin de leur règne a été marquée par la plus éxécrable tyrannie.

Les Lacédémoniens, après la prise d'Athènes, accordèrent au peuple de cette république, de nommer trente magistrats pour instituer une autre

autre forme de gouvernement. Les Athéniens leur donnèrent de pleins pouvoirs. Ces magistrats obtinrent de Lisander, général des Lacédémoniens, des troupes de cette nation, sous le prétexte de maintenir l'ordre, et de faire respecter leur magistrature. Ils devinrent ainsi assez puissans pour composer, dans la suite, sans opposition, un corps de trois mille Athéniens, ,qui leur fut entièrement dévoué. Ils sévirent dabord contre les délateurs, toujours odieux aux gens de bien, et dont le nombre était considérable à Athènes. Ces premiers châtimens, loin d'indisposer les esprits, leur méritèrent des éloges, et le suffrage du peuple. Leurs ennemis particuliers furent ensuite enveloppés dans la classe de délateurs, et punis comme tels. Forts de ces premiers essais, qui leur montraient jusqu'où ils pouvaient aller, ils proscrivirent les riches dont ils convoitaient la fortune. Bientôt leur fureur ne connut plus de frein. Tous les amis de la liberté, tous ceux qui n'applaudissaient pas à leur tyrannie furent condamnés aux fers, à l'exil ou à la mort. Quinze cents citoyens furent massacrés. La plus légère marque de pitié devenait un crime qui conduisait au supplice. Chacun cherchait sa sûreté dans un exil volontaire. Socrate eut le courage de braver la fureur de ces brigands, et fut le seul qu'ils n'osèrent immoler.

L'excès de la tyrannie amène toujours la chûte des tyrans. Trasibule eut la gloire de sauver sa patrie. Il s'était soustrait, par la fuite, à la mort, que moissonnait tous les Athéniens d'un mérite distingué. Il vint les attaquer à la tête des exilés, s'empara du Pyrée; ce fut le signal d'une insurrection générale. Les tyrans tentèrent vainement de corrompre ce généreux citoyen, en lui offrant de l'associer à leur puissance. Ils succombèrent, quelques uns d'entre eux périrent les armes à la main. Le peuple condamna les autres à perdre la vie; ensuite on accorda une amnistie générale qui rapprocha les deux partis et ramena la tranquillité à Athènes.

A Rome, les consuls jugeaient les procès qui s'élevaient entre les citoyens; ils n'avaient d'autre règle que leur volonté, l'usage, ou quelques lois inconnues à la multitude. Les Plébéiens, pour ne plus dépendre des caprices des consuls, de leur préventions, ou même de leur erreur, demandèrent qu'il fut nommé des commissaires pour rédiger un code de lois, dont la connaissance serait rendue publique, et sur lequel les juges règleraient leurs décisions. Le Sénat ne pouvait se résoudre à renoncer au droit si flatteur de juger arbitrairement, droit qui mettait les Plébéïens sous sa dépendance. Mais après de longues oppositions il fallut céder. On élu des Sénateurs, qui furent envoyés dans la Grèce, pour y recueillir les lois des plus sages législateurs. A leur retour, dix autres commissaires, également pris dans le sénat, et désignés sous le nom de décemvirs, furent chargés de travailler à la rédaction d'un code de lois. On convint qu'ils auraient la souveraine puissance; que pendant leur exercice, toutes les magistratures cesseraient leurs fonctions. Cependant, pour éviter le danger d'une autorité si absolue, on crut suffisant d'établir que leur pouvoir expirerait après le terme d'un an.

Ces nouveaux dictateurs s'acquittèrent avec zèle de leur devoir. Ils se montraient dévoués à l'intérêt public, et leur jugement était marqué au coin de l'équité. Leur bonne gestion faisait admirer cette nouvelle forme de gouvernement. Ils se comportèrent avec tant de modération, que leur despotisme, loin de paraître dangereux, faisait souhaiter qu'ils le conservassent longtems.

Appius, petit-fils d'Appius Claudius, se distinguait sur-tout des autres décemvirs par sa popularité, son aménité, son zèle à servir les plus pauvres citoyens; mais il cachait les vues d'une profonde ambition, sous les apparences de la plus grande modestie et du désintéressement. Il avait besoin de cette hypocrisie pour gagner le peuple, le tromper, et réussir dans ses projets.

Quand leur travail fut achevé, le peuple s'assembla pour l'examiner. On y donna de grandes louanges. Quelqu'un, aposté à dessein, observa que le code présenté par les décemvirs était incomplet, mais que de légères additions suffiraient pour le perfectionner. Il proposa de le renvoyer encore à d'autres décemvirs, pour ajouter une autre table de lois à celles que ceux-ci avaient faites, ce qui completterait la législation des Romains. Cet avis, unanimement adopté, on procéda à leur élection. Appius, qui s'était ménagé un parti puissant parmi les meneurs du peuple, fut conservé, et parvint à faire élire ses créatures. A peine furent-ils nommés, qu'ils s'unirent pour régner tyranniquement; et ils y réussirent, à l'aide du parti puissant qu'ils s'étaient ménagés. Ils supprimèrent les assemblées du peuple, ne souffrirent pas qu'il se nomma ses magistrats ; eux seuls disposaient de tous les emplois, remplissaient toutes les places de leurs créatures. Chaque jour quelques actes arbitraires, préparaient à de plus grands attentats. Les Romains commençaient à se repentir de leur avoir accordé une puissance si absolue. Les tyrans ne mirent plus de bornes à leur audace. A l'exil, aux emprisonnemens, succédèrent les exécutions sanglantes. Ils faisaient mourir tous les citoyens, les sénateurs comme les plébéïens, dont le courage, le mérite ou les richesses leur portaient ombrage. Ils confisquaient les biens des condamnés, et de tous ceux qui fuyaient leur patrie pour éviter la mort. L'asyle du Romain était à chaque instant violée par leurs nombreux satellites, qui insultaient impunément à la pudeur des femmes, arrachaient de jeunes filles des bras de leurs mères pour les prostituer à leur brutalité. Ces fiers Romains, qui dans les champs de Mars, affrontaient la mort avec tant d'intrépidité, mornes, abbatus, le désespoir dans l'ame, n'osaient soutenir les regards de dix individus. Semblables à de lâches esclaves, ils attendaient, en tremblant, le moment fatal qu'il plairait à leurs maîtres d'ordonner de leur sort.

Cependant, il existait encore à Rome des amans passionnés de la liberté, dont l'énergie n'était que comprimée, et qui attendaient, avec impatience, le moment favorable d'arracher la République des mains de ses oppresseurs. Quoique les décemvirs eussent fait périr un grand nombre de sénateurs, ils n'avaient pu éteindre le courage de ces fiers républicains. Ils redoutaient ce sénat, si terrible aux rois et aux despotes, et qui était le bouclier du peuple quand il n'en était pas le tyran. Le moment de leur chûte arriva, et ce furent des sénateurs qui le déterminèrent.

Appius voulut enlever la fille de Virginius, le centurion, agée de quatorze à quinze ans, dont il était devenu amoureux. A cette nouvelle, ce père désespéré s'échappe de l'armée où il combattait, se rend à Rome, en évitant les piéges des émissaires d'Appius, et vient reclamer sa fille. Il ne peut l'arracher des mains du dictateur. Il la voit sur le point d'être deshonorée. Le désespoir l'enflâme, il demande au tyran à embrasser sa fille pour a dernière fois; il approche de cette infortunée; ce malheureux père lui plonge son poignard dans le sein. Cette jeune victime tombe aux yeux du peuple, épouvanté d'horreur. Les roses de son teint s'effacent; la pâleur de la mort se peint dans ses traits; ses yeux s'éteignent; son sang coule à grands flots. A ce spectacle d'une jeune fille, à peine au printems de son age, dont la beauté était déjà un objet d'admiration, la pitié se joint à l'horreur. Aussi-tôt ce malheureux père, transporté, hors de lui, agité tour-à-tour par le désespoir et la fureur, montre au peuple le couteau sanglant, fumant encore du sang de sa fille; il prend les dieux à témoin de l'extrêmité où le tyran l'a réduit; il en demande vengeance à grands cris. Valerius et Horatius, deux sénateurs, attentifs aux évènemens, et qui épiaient une occasion favorable pour renverser les décemvirs, accourent sur la place escortés de leurs amis, pérorent le peuple, relèvent son courage, enflamment son indignation. Le peuple se soulève contre ses tyrans. Les armées romaines, au bruit de ce nouveau crime, reviennent sur Rome, et demandent leurs têtes. Ces infâmes décemvirs furent obligés de se démettre, et reçurent le châtiment dû à leurs forfaits.

Mais, pourquoi aller chercher au loin des exemples que nous avons si près de nous? Le peuple Français venait de nommer une Convention pour lui donner une constitution, et prononcer sur le sort de Louis XVI. De violentes dissentions ne tardèrent pas à éclater dans son sein. Quelques députés, désignés sous la dénomination de parti de la Gironde, cherchaient à en perdre quelques autres. Ils soufflèrent leur haîne sur les départemens, et en provoquèrent des adresses contre ceux-ci, dans lesquelles on demandait tantôt leur tête, et tantôt leur exclusion du sénat. La source de tous nos malheurs doit être rapportée à cette facilité, à cet aveuglement, avec laquelle certains départemens épousèrent la cause de ces députés. Si, indifférens à leurs querelles particulières, ils ne leur eussent témoigné que le désir d'une prompte constitution; s'ils leur eussent signifié que des hommes libres ne s'attachent pas au char de leurs législateurs, qu'ils en attendent seulement des lois; ils les eussent forcés, peut-être, à contenir leur animosité, et à se renfermer dans leur devoir. Leurs adversaires n'eussent pas eu de prétexte pour réagir; mais ceux-ci travaillèrent à leur tour à s'étayer d'un parti; ils réussirent d'autant plus facilement, qu'ils paraissaient les attaqués.

Le parti *dit* de la Gironde, soit ignorance, soit perfidie, laissait flotter les rênes du gouvernement, qui lui était confié. Il avait fait déclarer la guerre à presque toutes les puissances de l'Europe, et nos places fortes étaient sans défense, nos armées désorganisées. Ses chefs chargés de veiller à la défence de l'état, comme membres du comité de défence générale, ne parlèrent de la révolte de la Vendée que quand le mal fut excessif, ils n'avaient pris aucune mesure pour l'étouffer dans son origine, et avaient laissé les puissances coalisées envahir notre territoire. Ils donnèrent l'exemple de mettre en accusation et d'envoyer devant un tribunal, un représentant du peuple, pour ses crits et ses opinions. Ils en donnèrent un autre, non moins dangéreux, celui de s'immiscer dans le pouvoir judiciaire, en faisant jetter dans les cachots, des fonctionnaires dont ils avaient à se plaindre et qui n'étaient pas de leur bord. A Lion, leurs partisans fusillaient les citoyens d'une opinion contraire.

A Marseille, un tribunal illégal créé par un acte de révolte, livrait à l'échafaud tous ceux qui n'étaient pas du parti Girondin. Les insensés! entraînés par leur férocité, aveuglés par leur vengeance, ils ne refléchisaient pas qu'ils donnaient à leurs ennemis l'exemple de l'inhumanité; qu'ils leur enseignaient l'assassinat; que le sang se vange par le sang; que dans celui qu'ils versaient ils écrivaient leur propre proscription. A Bordeaux, on n'osait encore assassiner, on se contentait d'incarcérer et de flétrir par des dénominations odieuses, ceux qui n'approuvaient pas les mesures illégales. Les députés du parti de la Gironde achevèrent d'aliéner d'eux l'esprit du peuple, par les éternelle longeurs dont ils entravèrent le jugement de Louis XVI, par la proposition de l'appel au peuple, qui ne tendait qu'à allumer la guère civile. L'assassinat de deux représentans du peuple, de Lepelletier Saint-Fargeau et de Marat, connus pour êtres opposés à leur sytême, la révolte des individus, qui, dans les départemens, s'armèrent à leur voix, au mépris de la loi qui défendait de lever des troupes sans un décrèt, achevèrent d'indisposer contr'eux : le 31 Mai éclata.

Partout on fut surpris de ce soulèvement

qui environna la convention de bayonnettes. Cet acte paraissait un attentat à la majesté nationale; l'arrestation subite des députés, une violation de la représentation ; mais les craintes se calmèrent, quand la convention eut déclaré qu'elle était libre; lorsque l'on apprit que les assiégeans avaient baissé leurs bayonnettes devant elle. Toutes les loix qu'elle a rendues depuis, devaient donc nécessairement avoir l'assentiment de tout citoyen ami de l'ordre. Refuser l'obéissance était une révolte. Tout décret émané de la convention, qui se déclare libre, exige la soumission par cela même ; elle seule avait le droit de faire la loi. Si une loi paraît inique, le citoyen peut et doit présenter des pétitions pour en demander le rapport ; mais vouloir la force en main, obliger le législateur à se rétracter, est un acte de rébellion; c'est donner le signal de la guerre civile, le fléau des États. Il n'est qu'un seul cas où la désobéissance est légitime, quand le législateur viole le pacte social, comme nous le disons ailleurs ; et ici ce cas n'avait pas lieu. La convention prenait sur elle une grande mesure qu'elle jugeait sans doute utile à la patrie, et que le salut de la république pouvait seul excuser. Il fallait qu'elle fut bien persuadé que ces députés étaient de grands coupables ; et que leur liberté mettait la patrie dans un danger éminent. Si elle n'a pas eu cette conviction, elle a eu tort de décréter leur arrestation ; si elle n'était pas libre , elle a eu plus tort encore d'annoncer qu'elle l'était. On n'a dont du voir dans ce décret qu'une grande mesure de salut public; on devait se reposer sur elle, par la confiance qu'on avait en elle. En qui un peuple se fiera-t-il, si ce n'est à ses législateurs? Après avoir chargé la convention du soin précieux d'assurer son bonheur, de lui donner une constitution, devait-il manquer sitôt à cette confiance, à raison d'un acte de rigueur qu'elle venait d'exercer sur quelques uns de ses membres ; la raison ne disait-elle pas qu'elle devait avoir de puissans motifs de sa conduite, qu'il fallait rester calme, et attendre les évènemens ultérieurs pour prendre une décision. Au reste, ces membres arrêtés, n'avaient-ils pas été les premiers a attaquer la représentation nationale, par l'arrestation et l'envoi au tribunal d'un de leur collègues dont ils avaient juré la perte ?

Ainsi raisonnaient les amis de la liberté, que n'influençait pas leur liaison avec les députés détenus. Tout le monde n'a pas eu la même opinion. On vit quelques administrateurs de département, qui, avant cette journée, osaient, de leur autorité privée, lever des bataillons; on les vit s'arroger un pouvoir absolu; se constituer en petite convention; refuser d'obéir aux décrets de la seule puissance qui eut le droit d'en faire. Ils prétendaient s'insurger contre l'arbitraire et la tyrannie de la convention, et ils tyrannisaient ceux qui ne pensaient pas comme eux. Ils les chargeaient de fers, levaient des impôts arbitraires; ces petits tyrans invoquaient la liberté, dans l'instant même qu'ils foulaient aux pieds celle des autres. Ils parlaient de justice, dans le moment qu'ils commettaient l'iniquité. Bientôt, l'on vit Lion, Marseille, Caen, se déclarer en révolte ouverte. Il fallut des combats pour les soumettre. Enfin, Toulon se livra aux Anglais; cette trahison précipita la ruine des députés détenus. Chefs d'un parti qui se donnait aux Anglais, pouvaient-ils persuader qu'ils combattaient pour la cause de la république? Dès ce moment, le plus grand nombre de républicains ouvrit les yeux, et le parti adverse prit la plus grande faveur.

A peine, ce que l'on appelait la Montagne,

eut-elle acquis de la prépondérance dans la convention, que les affaires de la république changèrent de face. Des victoires sans nombre signalèrent son influence ; l'ennemi fut partout chassé de notre territoire ; nos armées débordèrent, comme des torrens, sur les pays ennemis. Elles portaient partout, chez les puissances coalisées, l'épouvante et la consternation ; le comité de Salut public paraissait avoir fixé la victoire sous les drapeaux de la république ; des généraux, d'un patriotisme à toute épreuve, conduisaient nos bataillons de victoire en victoire ; rien ne pouvait arrêter l'impétuosité du soldat français sous des chefs républicains. D'un côté, Jourdan, Pichegru (1) et Moreau, vont planter le drapeau tricolor jusqu'aux bords du Danube ; de l'autre, Dugomier et Monsec, font reculer l'Espagnol épouvanté jusqu'au delà de ses montagnes ; les villes rebelles rentrent dans l'ordre, la paix renaît au dedans ; la France, n'aguères sur le penchant de sa ruine, se relève avec majesté, déploie sa puissance aux regards de l'Europe étonnée ; l'esprit public s'échauffe, se répand, tout le monde se pique d'être

---

(1) Alors il se montrait vertueux

républicain ; le royalisme, lâche et honteux, ne se montre nulle part.

Des scènes d'horreurs se préparaient ; cependant la confiance aveugle que s'était attiré le comité de salut public, de la part du Sénat et du peuple, formait le trône sur lequel allait s'asseoir la tyrannie la plus exécrable ; les marches en étaient déjà cimentées du sang des députés détenus ; on les avait jugés en masse, et presque sans les entendre ; un jugement aussi précipité, des députés enfans, dont on pouvait blâmer les écarts, mais dont il était difficile de regarder les intentions comme criminelles, tout cela paraissait étrange à ceux mêmes qui blâmaient hautement la conduite de la faction de la Gironde ; il n'était pas moins étrange de laisser les mêmes membres, formant le comité de salut public, revêtus d'un pouvoir presque absolu ; ce fut une grande faute de la part de la convention, de ne pas les renouveller tous les trois mois, conformément à la loi qui créait ce comité. Les députés proscrits étaient-ils tous des traîtres ? voulaient-ils la ruine de la république ? avaient-ils l'ambition de dominer, ou les écarts criminels auxquels ils se livraient, le drapeau sanglant de la guerre civile, sous lequel ils appelaient leurs partisans, trop fidèles à leurs voix? n'était-ce que l'effet de la peur, et de la connaissance du caractère ambitieux et despote des chefs de la Montagne? cette discussion m'entraînerait trop loin de mon sujet. Je laisse au pinceau de l'histoire à crayonner, dans le calme des passions, tous les évènemens de la révolution; à distinguer les traîtres des fidèles partisans de la cause du peuple, les hommes devenus coupables par le désespoir d'être persécutés, de ceux que la corruption de leur cœur a rendus tels; à effacer le coloris, dont chaque faction sait embellir sa cause; à montrer à découvert, et sans fard, et les hommes et les choses. Peut-être un jour le saisirai-je, pour transmettre, aux regards de la postérité, le tableau fidèle de nos scènes révolutionnaires. En attendant, il faut le dire à la louange de quelques-uns des députés proscrits, échappés au glaive de la mort, la république les compte aujourd'hui pour ses plus zélés défenseurs.

Cependant les décrets de hors la loi avaient été lancés contre les administrateurs et autres rebelles, qui n'avaient pas cédé à l'invitation et renoncé à l'indépendance, dans un un délai donné. Des représentans du peuple avaient été envoyés dans les départemens pour les faire exécuter, et ramener à l'obéissance et au centre d'unité. Dans ces circonstances, le comité de Salut public s'était ménagé une puissance presque sans bornes; soutenu de quelques sociétés populaires qu'il avait remplies de ses créatures, et dont il avait expulsé des républicains fermes et éclairés; appuyé de la convention qui avait en lui une confiance aveugle, il tenait les représentans en mission dans une dépendance presque servile. La loi leur faisait un devoir impérieux d'obéir à ses arrêtés. Osaient-ils exercer la clémence, ils étaient dénoncés comme protecteurs de l'aristocratie, et voués à la proscription? Bientôt, sous le spécieux prétexte du mouvement révolutionnaire, et d'empêcher les ennemis de la république d'occuper les places, on dépouilla le peuple de son droit d'élection; on déclara que la convention ne cesserait qu'à la paix; on refusa de mettre en activité la constitution que le peuple venait solemnellement d'accepter; on nomma à toutes les fonctions publiques; de nouvelles magistratures, de nouveaux tribunaux furent créés; le comité de Salut public se fit attribuer tous les pouvoirs, et la convention ne s'apperçut pas qu'elle se réduisait à la nullité; que ce comité devenait lui-même la convention. Enfin, elle porta l'oubli de sa propre sureté jusqu'à lui accorder le droit de faire arrêter un de ses membres sans décret préalable. On donnait pour le vœu public, celui de quelques sociétés populaires, dont on avait la direction de quelques sections de Paris, comme si le peuple n'existait plus que dans ces sociétés; comme si le vœu public peut-être autrement connu que par le vote de tous les citoyens Français rassemblés dans leur section, et délibérant librement. On invoquait sans cesse les principes, et on ne cessait de les violer. Le citoyen, arraché de son asyle, était jetté dans les cachots sous les plus légers soupçons, quelquefois sans qu'on daignât l'entendre. Si l'on se fût borné à la stricte exécution de la loi du 17 Septembre sur les suspects, l'on n'eût mérité aucun reproche; obéir exactement à la loi, est, pour le fontionnaire public, un devoir sacré: si elle est inutile, si elle est injuste, c'est le crime du législateur; mais que de comités de surveillance lui donnaient une extention révoltante, et traitaient les détenus avec insolence et barbarie! non contens de défendre aux prisonniers la vue de leurs amis, de leurs femmes, de leurs enfans, une loi atroce en faisait un devoir, on renchérissait encore de dûreté, en confisquant le pain, le vin, la viande, toute nourriture que l'on portait du dehors ; on leur enviait jusqu'à l'air qu'ils respiraient, et, jaloux qu'ils participassent à la lumière du jour, j'ai vu leur enlever cette légère consolation, en faisant murer leurs fenêtres ; pour ajouter à leur triste situation, à la douleur d'une famille en pleurs, on se permettait une gaîté insultante, et des propos outrageans.

Les qualifications étaient des motifs de suspission ; les mots vagues d'aristocrates, de fanatiques, de fédéralistes, d'agioteurs, suffisaient pour déterminer la détention. Point de doute qu'il se trouvait, parmi les hommes ainsi désignés, des pervers, des êtres assez vils, pour desirer un maître, assez stupides, pour prêcher la sanglante susperstition, assez affreux, pour s'enrichir de la misère publique. C'était *sur ceux-là qu'il fallait frapper*; mais sans égards à l'intention, sans ménagement pour les faiblesses de l'humanité, sans examen de la conduite privée, sans respect pour la liberté des opinions, sans prendre la peine de s'assurer du délit ; des hommes ignares, dépourvus de toute notion du juste et de l'injuste, pleins d'audace d'un despotisme insolent, ivres de leur puissance, non moins tyrans que les suppôts de l'ancien régime, lançaient des mendats d'arrêt, distribuaient des lettres de cachet avec une indifférence inconcevable, et même par partie de plaisir; comme s'ils étaient en droit de se jouer de la liberté des autres. Tous les négocians étaient transformés en agioteurs, en sangsues du peuple; le négociant, honnete homme, comme le fripon, était enveloppé dans la même proscription.

Vainement le ci-devant noble s'étayait-il de l'estime de ses concitoyens, et des certificats qu'il en avait mérités ; vainement parlait-il des dons qu'il avait déposés sur l'autel de la patrie, de ses enfans combattant sur les frontières, et défiait-il de l'accuser dans sa conduite politique : Tu fus noble, lui disait-on, tu ne peux être bon citoyen. Tu fus membre d'un parlement, tu ne peux être ami du nouvel ordre de choses. Ces pauvres d'esprit, ces hommes à grand patriotismes, ces dispensateurs de réputation, ne savaient pas seulement que Solon, que Licurgue, que tant d'autres grands hommes, les fondateurs, ou les soutiens des républiques, étaient, non seulement nobles, mais même issus du sang des rois. Ils ignoraient que Mabli, que l'immortel Montesquieu, qui, le premier, en France, a secoué le plus violemment les fondemens du trône, sans paraître y toucher, étaient nobles, et ce dernier président à mortier d'un parlement. Dans le délire de leur ineptie, ils oubliaient la naissance de Mirabaud, de Lepelletier-Saint-Fargeau et de Fréteau. Ils ignoraient; mais que n'ignoraient-ils-pas ?

Pouvez-vous me faire un crime, s'écriait ce vieillard à cheveux blancs, d'avoir des opinions religieuses différentes des vôtres, de professer un autre culte. Entre Dieu et la conscience, quel homme est en droit de venir se placer ? Ai-je jamais troublé l'ordre? ai-je, par mes discours, prêché la désobéissance aux loix, au gouvernement ? vous me demandez ce que j'ai fait pour la chose publique, mes enfans combattent sous les drapeaux de la patrie, et je m'épuise pour que rien ne leur manque. Des volontaires sont partis, à mes frais, contre les rebelles de la Vendée; je jouis de l'estime de mes voisins.

N'importe, c'est un fanatique, et sa sentence était prononcée.

Les pleurs de la beauté, les graces touchantes de la pitié filiale, la ruine des familles, le spectacle déchirant de la misère, rien ne décidait à la justice. Il semblait que le cœur des hommes se fût tout-à-coup pétrifié. Inaccessible aux plus doux sentimens, il ne battait plus que pour l'or, la vengeance, et par brutalité. Quelques uns de ces êtres féroces, dépouillant tout reste de pudeur, ont eu l'infamie de mettre le marché en mains à de jeunes femmes sollicitant pour leurs époux, à des filles plaidant pour la cause de leur père. Ils se vengeaient de leur refus, par de mauvais traitemens. Leur dépravation était telle qu'ils ne connaissaient plus ce charme de l'amour, qui naît d'une jouissance mutuelle, du plaisir d'une douce séduction. Quelques femmes assez lâches, pour se prostituer à ces brigands, qu'elles abhoraient, étaient encore plus viles de ne pas laver leur honte dans leur sang.

Il faut avouer aussi que beaucoup de membres de comités de surveillance, gémissaient eux-mêmes de tous ces excès. Le mouvement donné par tout à l'esprit public enchaînait leur bonne volonté; ils étaient eux-mêmes sous un joug de fer; ils tremblaient pour leurs jours; ils n'avaient à choisir qu'entre la mort ou une obéissance servile : d'autres, parmi eux, n'écoutaient que le cri de la vengeance; ils étaient sourds aux plaintes de leurs victimes, ils croyaient voir, en elles, leurs persécuteurs; les auteurs ou les complices, des massacres commis à Lyon, à Marseille, et des actes arbitraires exercés presque partout où le parti de la Gironde avait dominé. D'ailleurs, ils avaient, dans leurs rangs, sans les connaître, des ennemis de la république, qui, sous le masque du patriotisme, poussaient eux-mêmes à tous les excès, forçaient toutes les mesures, afin de la faire détester, et de perdre ensuite les républicains.

De nombreux essaims de pillards, armés du droit de réquisition, furetant partout, s'emparaient impunément de la propriété des citoyens, sous prétexte du besoin public; les ruinaient avec effronterie; s'enrichissaient de rapines. Les magasins étaient remplis, et tout le monde mourait de faim; chacun demandait à acheter, et personne n'osait vendre; leurs réquisitions tenaient les marchandises captives chez le propriétaire; tout s'enlevait au nom de la république, pour le service de la marine et des armées de terre, et, le plus souvent, ni la marine, ni les armées n'en profitaient; des achats considérables se gâtaient dans les magasins nationaux, à la vue d'un peuple manquant de tout. Tant d'agens lâchés tout-à-coup sur la surface de la république, produisaient un conflit d'autorité, qui tournaient la tête aux différens administrateurs; ils ne savaient plus ni ce qu'ils pouvaient, ni ce qu'ils ne pouvaient pas. Mais leurs dilapidations, leurs friponneries, ne peuvent être imputées aux républicains; car la plupart de ces réquisiteurs, dont la fortune scandaleuse atteste les vols, sont aujourd'hui d'un royalisme effréné, et des hommes du bon ton.

La hache révolutionnaire ne tombait encore que sur les individus que la convention, elle-même, avait frappés, ou dont les trahisons portaient un caractère de vérité. On respectait les formes, on laissait, presque partout, aux accusés, une certaine latitude dans leur défense, et, si des innocents ont succombé, c'est plutôt sous les erreurs, sous les préjugés, que sous le poids de la vengeance et par amour du carnage. Je parle en général. Cependant, des fonctionnaires publics, dans plusieurs communes livrées au brigandage, des membres de société populaire, des représentans du peuple en mission, quoique harcélés, pour déployer de la rigueur, menacés de proscription dès qu'ils suivaient les mouvemens de l'humanité, s'efforçaient, mais d'une main tremblante, d'opposer une digue au débordement d'iniquité, qui menaçait la république de sa perte; mais, pour faire le bien, pour ramener la douceur, ils étaient obligés de s'environner de précautions; ils sentaient que la terreur, utile pour comprimer les méchans, indispose, irrite l'homme honnête, dont les intentions sont pures; ou bien lui ôtant toute son énergie, toute sa fierté, le rend souple, lâche, rampant. Or, quand les citoyens d'une république en sont réduits-là, ils ne sont plus que des esclaves, c'est l'instant de les enchaîner; c'est celui ou les républiques se perdent dans le despotisme monarchique ou aristocratique.

Pour empêcher la ruine de la liberté, il était donc nécessaire de raviver le courage des Français, abattu par la crainte, de ramener le régime de justice, sans lequel il n'y a qu'esclavage, de réprimer le crime qui se pare effrontément des dehors du patriotisme. C'est ce qu'essayèrent quelques hommes courageux; à Nantes, à Lyon, à Bordeaux, à Bayonne, à Arras, les réquisiteurs furent poursuivis, des comités de surveillance dénoncés et mis en arrestation. A Paris, Philippeau déchirait le voile dont on couvrait les fautes que commettaient, dans la Vendée, des hommes recommandables par leur impéritie. Un représentant attaquait courageusement un de ses collègues, le fléau d'Arras, quoique étayé d'un parti puissant. Camille-des-Moulins, inspiré par le génie de Tite-Live, transportait ses lecteurs au temps de la république romaine, exposait, avec force, la tyrannie des décemvirs à Rome; et de ses tableaux lumineux réfléchissaient de vifs rayons, qui éclairaient celui de la France; il invoquait la justice, il invoquait l'humanité, les principes conservateurs de l'ordre social, il prêchait au désert; ses cris plaintifs, se mêlaient en vain aux gémissemens des victimes, ils ne retentissaient que pour appeler la mort sur sa tête. Danton, si terrible aux rois; Danton, dont la massue ne s'élevait jamais sans écrâser les ennemis du peuple, ne trouvait plus sa vigueur; lâche, tremblant, il n'osait murmurer que dans le secret; saisi d'épouvante, s'il se montrait; c'était en esclave des tyrans; il voulait les abattre, et manquait de résolution. Si, réunissant autour de lui ces valeureux députés, qui ne mordaient le frein qu'en frémissant, si, du haut de cette montagne, dont les flancs embrâsés ne lançaient que la foudre, et des laves dévorantes, mais dont les habitans étaient pétrifiés par la tyrannie, comme par la tête de Méduse, il eût attaqué audacieusement les oppresseurs de la France; s'il eût fait sonner le clairon de la guerre contre ces ambitieux, à sa voix, tous les chauds patriotes, dont le courage était enchaîné, eussent repris du nerf : il eut éclairé tous ceux, qui, pleins de bonnes intentions, mais faute de lumières, donnaient, tête baissée, dans les extravagances du jour. Les méchans eussent été forcés de se contenir, et peut-être, que, sans secousse, la justice eut repris son empire. A-coup-sûr, il eût épargné, à la république, une partie des crimes qui l'ont ensanglantée; Danton était seul capable de balancer Robespierre dans l'opinion des républicains : Danton se tenait à l'écart; mais son ombre épouvantait les tyrans. Sa perte fut jurée avec celle d'une foule de représentans républicains. Il en fut averti; il hésitait encore sur les mesures à prendre. Ses lenteurs causèrent sa ruine; il fut écrasé pour n'avoir pas été assez audacieux. Les décemvirs le prévinrent. On profita adroitement de la condamnation d'un extravagant comédien. On répandit le bruit qu'une autre conspiration menaçait la république; qu'il fallait la débarrasser, d'un seul coup, de toutes les factions. Les esprits étaient en suspends; on se demandait, avec inquiétude, sur quelle tête allait tomber la foudre; tout-à-coup, une foule de représensans, également recommandables par leur patriotisme, leurs lumières, et les services qu'ils avaient rendu à la révolution, Danton, Camille-des-Moulins, Lacroix, Héraut de Séchelles, Fabre-d'Églantine, Bazire, Philippeaux, Simon, Anacharsis Clootz, sont arrêtés, presque en même-tems, par les ordres des décemvirs, sont jetés dans les fers, de là, traînés à l'échafaud. Ces féroces tyrans, craignant encore que leur victimes ne leur échappent, quoique livrées à un tribunal, instrument passif de leurs forfaits, comblent la mesure du crime, en surprenant, à cette convention, devenue machine, un décret, qui met hors des débats, et ordonne l'égorgement de ces immortels fondateurs de la république, dont les noms ne seront oubliés que quand la royauté relevera son trône sanglant sur les cadavres du peuple. Que les valets des rois s'agitent pour ternir leur gloire, que les hommes vendu aux décemvirs, soient d'accord avec eux, leur mémoire n'en sera pas moins gravée dans le cœur de tous les hommes libres et éclairés. Pour épouvanter tous ceux qui seraient tentés, à leur exemple, d'avoir des entrailles, on les fit chefs d'une faction des indulgens. Quel représentant, après un coup si éclatant, aurait été assez hardi de résister au gouvernement ? quel homme assez téméraire pour s'en plaindre ? il n'y avait plus qu'à recevoir le joug. La liberté des opinions, depuis long-tems mutilée, descendit avec eux au tombeau. Il n'était plus permis de penser que selon le bon plaisir de nos maîtres. Ils ne connurent plus de frein.

Afin d'achever de corrompre l'esprit public, de bouleverser toutes les idées, et de nous façonner à l'esclavage, de lâches valets de la tyrannie, sous prétexte de révolutionner les Français, de former ce même esprit public, se répandaient partout; non contens d'exercer l'espionnage le plus intolérable, ils semaient les maximes subversives de tout ordre, s'environnaient de la lie des citoyens, c'est-à-dire de ces hommes vils, souples, prêts à jouer tous les rôles, à embrasser tous les partis, pourvu qu'ils y trouvent leur compte. Il n'importait guères, à ces agens, quel système on eût suivi; Montagnard ou non, ils ne cherchaient que des sacs à corde, persécutaient les hommes honnêtes des différens partis, pour ne s'environner que des scélérats de part et d'autre. J'ai connu des individus, qui, après s'être livrés à des excès pour soutenir le parti de la Gironde, en ont traîné eux-mêmes les chefs à l'échafaud, pour faire leur cour à des agens de Carnot et de Robespierre. Tels étaient les êtres qu'il leur fallait. Le mépris pour le peuple Français en était à ce point, que dans beaucoup d'endroits, on lui donnait, pour gouverneurs, non des représentans du peuple, mais des individus sans aucun caractère représentatif; et, pour avilir la représentation nationale, pour outrager la majesté du peuple, le comité de salut public attribuait à ses agens le pouvoir de représentans délégués par la convention. O honte ! on a vu des mirmidons de dix-neuf ans, armés d'une autorité suprême, venir commander dans les départemens ; casser les fontionnaires publics, qui avaient la noble fierté de ne pas caresser leur orgueil, de ne pas s'agenouiller devant ces nains, devenus tout-à-coup des Titans ; et l'on osait nous dire que nous étions libres ; l'on proférait encore le nom de république, quand chaque département était gouverné par un vice-roi ; c'était ajouter la raillerie à l'outrage.

Mais où prendre des couleurs assez noires pour peindre le tableau des scènes d'horreur dont la France devient le théâtre ? quelle plume énumérera, à la postérité, les nombreuses victimes de la fureur des Cannibales qui l'ont ravagée. La mort, déployant sur l'empire, ses aîles dégoutantes de sang, en ordonne la ruine, n'en fait qu'une affreuse solitude, que troublent uniquement les gémissemens des mourans, les soupirs de la veuve, de l'amante au désespoir, les plaintes étouffées de l'orphelin combattant encore pour la patrie, quand des bourreaux, en son nom, ôtent la vie aux auteurs de ses jours, et ne lui laissent que la perspective de la misère. La confiance s'est enfuie de tous les cœurs resserrés par la crainte. Une sombre méfiance isole l'ami de l'ami, le parent du parent. Chacun se tient en garde contre son voisin ; c'est peut-être un ennemi, un délateur; car une parole équivoque, mal interprétée, conduit à l'échafaud. Le riche enfouit ses richesses, tout le monde veut paraître pauvre; être riche, faire valoir sa fortune, est un titre de proscription. Les juges ne prennent pas la peine de juger. On sort en masse les détenus des prisons, on les conduits à l'audience, pour la forme, pour leur faire entendre l'arrêt de leur condamnation; de-là, on les entasse pêle-mêle sur la fatale charette. Telle était la terrible égalité qu'on se plaisait d'établir. Le paysan se retrouve, avec étonnement, à côté de son ci-devant seigneur; le contre-révolutionnaire, à côté du patriote; le royaliste avec le républicain; le fédéraliste et le montagnard, acharnés à se poursuivre, se regardent en rougissant, se serrent la main, soupirent, et maudissent, à leur dernière heure, l'ivresse de leur aveuglement. Ils courraient après la liberté, ils se déchiraient pour elle, leur confiance les a déçus tous deux. Ils descendent ensemble

dans

dans la nuit éternelle. Insensés! il ne fallait pas vous désunir, prendre l'amour de quelques hommes, pour celui de la patrie, oublier l'intérêt général pour des dissentions privées; la tyrannie ne vous eût pas frappés. L'adolescent comme le vieillard, l'ignorant comme le savant, le scélérat, l'homme probe, la beauté, la laideur, rien n'échappe à la faulx révolutionnaire. Tantôt, pour hâter le trépas, trop lent au gré des assassins, on fusille en masse, on met les malheureux à la bouche du canon à mitraille. Tantôt, on les noye par centaine. Dans le midi, le sang coule à grands flots. Le Rhône, aulieu du tribut de ses eaux, ne porte, à la Méditerrannée, qu'un fleuve de sang; la Loire ensanglantée se gonfle d'horreur, pour vomir, sur le rivage, les cadavres qui la couvrent. Ces tigres affamés de destruction et de ruines, en deviennent insatiables, leur rage s'étend jusques sur les pierres; ici, une ville entière, travaillée par la mine, s'écroule successivement avec un fracas épouvantable; là, une autre devient la proie des flammes : spectacle affreux, dont leurs yeux se repaissent avec délices. L'aveuglement en était au point, que pour punir les Lyonnais, de leur révolte, on allait priver la républiquo d'une de ses villes les plus importantes.

Telle était la déplorable situation de la France, quand la nuit du 9 Thermidor a sorti la république du tombeau. C'était à la Montagne qu'il était réservé de briser le cercueil qui la tenait captive. Elle avait abattu la tyrannie royale, le sort la destinait à abattre la tyranie démagogique. Dans ses flancs se formait, depuis quelque tems, la foudre tyrannicide, qui devait venger la patrie, et en pulvériser les maîtres audacieux. Plusieurs représentans du peuple, qui couvoient ce généreux projet, firent naître le moment de son exécution. Ils donnèrent le signal, et toute la Convention y répondit en déployant un grand caractère; mais qu'a produit ce changement inattendu? La liberté publique en a-t-elle été plus assurée? Non, car elle n'avait pour garant que la volonté des hommes. Leur volonté est trop changeante, trop sujette à l'erreur, pour compter sur une garantie si fragile. C'était encore la même forme de gouvernement. Point de règle contre l'arbitraire, l'erreur et les passions des législateurs. Le peuple était toujours privé de ses droits, tous les pouvoirs confondus dans la Convention. C'étaient encore des hommes à la place des principes, le despotisme à la place de la loi. La liberté individuelle a-t-elle été plus respectée ? Non, les mêmes iniquités, des arrestations non moins arbitraires, une tyrannie exécrable, mutilaient la statue de la liberté. La vengeance; conduite par l'intrigue, par l'hypocrisie, effaçait le mot de justice écrite à la tribune de la Convention, et prouvait que ce n'était qu'une faction qui succédait à une autre. Le féroce royaliste sous le masque de l'humanité, avide de sang, dévoré d'orgeuil, escorté des furies, parlait d'humanité, en même-tems qu'il excitait au carnage, et désignait aux poignards tous les républicains. C'était dans des conciliabules ténébreux qu'il méditait ses projets sanguinaires, et dans des repas somptueux qu'il inoculait sa fureur, et en traçait l'exécution à des convives, ivres de vin et de bonne-chaire. On caressait les représentans, on les enivrait de délices, on semait l'argent pour corrompre; et il n'était pas difficile alors de leur suggérer les mesures que l'on avait arrêtées. Ils buvaient avec confiance dans la coupe des plaisirs; ils s'endormaient mollement dans les bras de la volupté, au bruit flateur des éloges qu'on leur prodiguait ; ils ne voyaient pas que les royalistes aiguisaient les traits, dont ils voulaient frapper la république ; et qu'étouffant tout sentiment de reconnaissance, ils préparaient le poison pour ceux même qui les avoient sauvés de l'échafaud. Il faut convenir aussi que la conduite coupable de la société des Jacobins, les efforts qu'elle fit pour remettre entre les mains des restes du comité décemviral, le sceptre despotique qu'on venait heureusement de lui arracher, ne contribua pas peu à irriter les députés patriotes qui avaient fait la journée de Thermidor, à les pousser au-delà des bornes, et à les faire donner dans les piéges de l'aristocratie.

Les royalistes commencèrent par déclamer contre les auteurs du régime de sang. Quand ils virent l'esprit du peuple enflammé contre ces individus, qu'ils proscrivirent sous le nom de terroristes, ils eurent soin de comprendre, sous cette dénomination tous les républicains employés avant Thermidor, les simples citoyens même, qui fidèles à la cause du peuple, comme à celle de la justice, ne s'en étaît jamais écartés. Afin d'exciter des soulèvemens, on travailla à affamer Paris, à réduire à la misère, par la destitution, une foule de pères de famille; pour l'accroître, on eut soin de rapporter la loi qui entravait l'agiotage, celle qui défendait de vendre l'argent; on savait que l'assignat ne tarderait pas à tomber, ce qui entraînerait la ruine d'une foule de familles, augmenterait la misère du peuple, et mettrait toute la fortune publique et particulière entre les mains d'une bande de frippons. De nouveaux proconsuls envoyés dans les départemens, parlaient sans cesse d'équité, de respect pour la liberté, se déchaînaient contre des actes arbitraires, en même-tems pour complaire à leurs courtisans, et à ceux qui les régalaient splendidement, ils foulaient aux pieds les lois protectrices de la liberté individuelle, jetaient les citoyens dans les cachots sans les connaître, sans même daigner les voir. C'était, leur disait-on, des terroristes. Cela suffisait. Comment ne pas croire ceux qui régalent si bien? Ils réussirent à faire éclater un soulèvement à Paris, et ce fut comme le signal de la proscription générale des républicains. Déjà on les avait expulsés des emplois et remplacés par les détenus, qui ne respiraient que vengeance. On commença par violer la représentation nationale, par la mutiler. Plusieurs représentans, au mépris d'une loi nouvellement faite qui établissait une garantie nationale, furent accusés et au moment même envoyés à une commission militaire, et de-là à l'échafaud. A peine leur avait-on permis d'ouvrir la bouche pour se défendre. Il était réservé à cette nouvelle faction d'enchérir sur Robespierre; il n'avait pas encore osé se permettre de priver les mandataires du peuple de l'institution des jurés; mais nos prétendus amis de la justice, plus humains que lui, préféraient les commissions militaires, comme plus expéditives au gré de leur humanité. Dès ce moment de nombreuses arrestations eurent lieu dans tous les départemens de la manière la plus inique. J'ai vu de ces proconsuls thermidoriens distribuer leurs lettres de petit cachet à quiconque leur en demandait. Par leur ordre, les citoyens arrachés à l'improviste de leurs foyers, traînés dans les cachots par les cheveux, y étaient ensevelis au mépris de toutes les formes. On ne daignait ni les questionner, ni leur apprendre les motifs de leur détention; ils la soupçonnaient par les mauvais traitemens et les injures dont on les accablait. D'un trait de plume ces représentans, remplis de probité, les flétrissaient, les déshonoraient, les désignaient à la vindicte publique, et sans examen, les déclaraient convaincus des crimes les plus atroces; ils croyaient à force de nouveaux forfaits, faire oublier ceux qu'ils avaient tolérés avant Thermidor, dans les différentes époques de la révolution, et se reconquérir par-là l'estime des gens de bien. Le plus souvent on était tout-à-coup enveloppé par une bande de cannibales qui, l'écume de la rage à la bouche, enfonçaient les portes des citoyens, violaient leur domicile, les enlevaient au milieu des cris de mort qu'ils faisaient entendre. L'on n'échappait à leur fureur que pour être incarcéré. C'était-là une faveur dont les meneurs prétendaient gratifier les malheureux détenus. Eh! qui étaient les plus acharnés à la perte des républicains et dirigeaient au massacre ces bandes d'antropophages? Assez ordinairement des individus excitateurs de tous les excès commis avant Thermidor, contre lesquels ils jetaient alors les hauts cris. Les prisons étaient encombrées. Le plus grand nombre de détenus étaient de malheureux pères de famille, chargés d'enfans, n'ayant, pour se substanter, que la ressource de leurs bras. Innocens ou coupables, persécutés ou persécuteurs, ennemis ou amis de la tyrannie, la proscription enveloppait tout ce qui était républicain énergique. Ces députés missionnaires, prenaient-ils au moins la peine de descendre dans les cachots pour réparer leurs fautes, et rendre hommage à l'innocence? A peine daignaient-ils porter les yeux sur les réclamations de ces victimes du royalisme. Des souverains s'abaisser jusqu'à descendre dans les prisons! s'occuper du sort de misérables ouvriers qui n'ont ni de l'or ni des repas à donner! était-il décent de l'exiger? une telle canaille méritait-elle d'occuper l'attention de si honnêtes gens? Mettre l'humanité en pratique! ne suffisait-il pas d'en avoir le mot à la bouche?

Misérables, vous ignorez donc que la plus belle de toutes les fonctions, et de sécher les pleurs de l'innocent opprimé, et le plus doux de tous les plaisirs, de l'exercer souvent. Vos entrailles de fer ne palpitent donc pas à la vue d'un malheureux, et ne vous font pas éprouver cette délicieuse émotion, qui accompagne le service qu'on lui rend? ignorez-vous que les gouvernemens, institués pour protéger tous les citoyens, doivent, sur-tout, leur protection, au faible, au pauvre, qui n'en peuvent tirer, ni de leurs talons, ni de leurs amis, ni de leurs richesses? faut-il vous rappeler qu'il est de principe sacré, principe respecté dans les Etats les plus despotiques, que les hommes revêtus d'un grand pouvoir, sont spécialement les défenseurs du pauvre et du faible? Mais, qui vous a tirés de votre obscurité? qui vous a donné cette puissance, dont vous avez si insolemment abusé? ne sont-ce pas, sur-tout, ces ouvriers, ces habitans de la campagne que vous semblez mépriser? A qui êtes-vous redevables du caractère auguste de représentant du peuple français? N'est-ce pas à ces patriotes ardens, qui ont fait la révolution, et que vous persécutez avec tant d'acharnement? Les trouviez-vous dignes de châtiment, de vous avoir revêtus d'un caractère que vous ne méritiez pas de porter? La convention vous avait-elle chargés de mission, pour immoler une partie des citoyens à la vengeance de vos courtisans? que ne laissiez-vous les autorités constituées décerner, elles-mêmes, les mandats d'arrêt; la crainte de compromettre leur responsabilité, celle de la prise à partie qu'on aurait pu exercer contre eux, eût, peut-être, été la sauve-garde des innocens. Pourquoi intervenir dans les querelles individuelles, et frapper les uns et favoriser les autres? N'existait-il pas des tribunaux pour prononcer entre tous? leur composition n'était-t-elle pas déjà assez favorable aux réacteurs? Quel gouvernement plus atroce que celui, où, pour plaire à des individus, les hommes puissans prennent sur eux de sévir arbitrairement, en ôtant, à ceux qu'ils frappent, tout moyen de justification, tous recours à la loi?

Voilà, cependant, ce que vous avez fait, hommes justes! hommes humains! ne sont-ce pas là des crimes contre la société, des forfaits dignes du supplice? Quel peut-être votre excuse? Les missionnaires, vos collègues, employés dans les départemens, avant le 9 Thermidor, pouvaient au moins rejeter leur conduite sur des lois barbares, qu'ils étaient chargés de faire exécuter, sur la crainte, bien fondée, d'un gouvernement qui leur ferait un crime de la modération. La mort de Camille-des-Moulins, et de tant d'autres représentans proscrits, pour avoir prêché l'indulgence, était une leçon terrible. Mais vous, vice-rois thermidoriens, vous êtes d'autant plus coupables, que la Convention avait proscrit solemnellement les mesures arbitraires, que la volonté du nouveau gouvernement était que l'innocence fut en sécurité, que la justice fut respectée. C'est, du moins, le langage qu'elle avait soin de proclamer. Vous pouviez donc être justes sans craindre de vous perdre. Vos crimes viennent donc de votre propre fonds.

Ces scènes de brigandage se répétaient partout, sous les yeux des nouveaux fonctionnaires qui souriaient aux massacres, en présence des représentans qui semblaient ne pas s'en appercevoir, ou n'y opposaient qu'une digue insuffisante. Les militaires énergiques, qui ne s'étaient mêlés que de porter la terreur dans les rangs de nos ennemis, étaient destitués pour prix du sang qu'ils avaient versé, abandonnés sans secours, et remplacés par des généraux d'anti-chambre. On abreuvait d'amertume ceux que l'on n'osait destituer. Des commissions militaires, non moins expéditives que celles antérieures au 9 Thermidor, promenaient le glaive de la mort, sans égard à l'intention. Le comité, dit de Salut public, n'avait osé faire arrêter que soixante et onze députés, la nouvelle faction, qui, tout en blâmant ses mesures, l'imitait dans tout ce qui était atroce, on fit incarcérer près de cent cinquante. Un mot mal interprété, le plus léger soupçon, suffisait pour violer la représentation nationale. Des prêtres, apôtres du massacre, des brigands soudoyés, répandus sur toute la surface de la France, et, surtout, dans les principales communes, assassinaient avec sécurité, dans les rues, dans les places publiques. Ils allaient chercher leurs victimes, jusques dans l'intérieur de leur domicile. A Lyon, dignes émules du féroce Carrier, ils noyaient dans le Rhône, ceux qui échappaient à leurs coups homicides. A Marseille, ils rassemblaient dans les prisons les citoyens dont ils avaient soif de boire le sang, et quand ces infortunés, ainsi désarmés, se croyent à l'abri de leur fureur, à l'ombre de la loi, dans le seul asyle qui leur reste, dans ces lieux où les hommes les plus criminels n'inspirent plus que de la pitié, que les tyrans les plus féroces n'osent même pas violer, ils s'y portent en foule ; une joie barbare brille dans leurs yeux, une rage homicide enflamme leur cœur ; dans une seule prison, dans un seul jour, ces tigres halétant de crimes, égorgeaient ces malheureux. Ils brûlent le souffre dans la prison pour les étouffer, et font tomber à leurs pieds, à coup de couteau, quiconque tente de s'évader. A Carpentras, quel spectacle d'horreur ! ils précipitent des hommes du haut d'une muraille, et assis tranquillement sur des banquettes, comme à une fête, ils repaissent leurs yeux avec délice du sang, des cervelles, qui jaillissent de part et d'autre, des membres fracassés et déchirés, qui se séparent du tronc. Ils accueillent par des applaudissemens ces infortunés, au moment qu'ils se brisent sur le pavé. Les cris plaintifs, les gémissemens étouffés, de ceux qui expirent, forment pour eux le plus doux de tous les concerts. Plus leur mort est cruelle, et plus ils s'en délectent. Par-tout les réacteurs versent le sang humain, au nom de l'humanité, massacrent les hommes, au nom de la religion; et ils se disent les amis de l'ordre, et on les appèle complaisamment les ennemis des buveurs de sang. Il semblait que l'on prenait à tâche de justifier le régime sanguinaire qui avait précédé Thermidor.

O justice ! ô humanité ! noms sacrés, vertus sublimes, guides des gens de biens, divinités des ames généreuses, les scélérats ont donc aussi l'audace de vous invoquer ! ils osent élever vers vous leurs mains dégoutantes de sang, en les retirant des entrailles palpitantes des hommes qu'ils égorgent ; des cadavres, des enfans écrasés dans les bras de leur mère, le père immolé à côté de sa fille, qui les bras étendus, les yeux mourans et baignés de pleurs, presse envain leurs genoux pour les rappeler à quelque sentiment de pitié ; l'époux égorgé aux yeux de son épouse : voilà les holocaustes qu'ils présentent sur vos autels ! l'encens qu'ils élèvent vers vous est la fumée du sang, dont le cœur ne peut se rassassier ; et il est un dieu vengeur ! et le couteau sanglant, dans les mains de ces bourreaux, ne devient pas l'instrument de leur propre supplice ! ce dieu, qu'ils outragent de leurs hommages affreux, ne lance pas dans le cœur de ces tigres toutes les furies vangeresses ! et les lois se taisaient, et des représentans du peuple, de perfides magistrats chargés de les faire exécuter ; loin de réprimer ces forfaits, d'en punir les auteurs qu'ils avaient devant les yeux, paraissaient ne pas les connaître. Comment les auraient-ils poursuivis, quand ils en étaient eux-mêmes les complices et les moteurs secrèts?

La Convention sortit enfin de sa longue léthargie. Sès yeux se désillèrent. Elle apperçut l'abîme; elle sentit s'ébranler les fondemens de la République, et la vit près de s'écrouler. Elle se prononça fortement contre les assassins. Elle menaça de sa foudre les infâmes magistrats qui les toléraient, et bientôt l'ordre reparut, les massacres cessèrent ; la tranquillité continua à se maintenir tant qu'elle tint les rênes. Elle prouva qu'il suffisait de sévir contre les fonctionnaires publics qui se taisent sur les crimes pour qu'il ne s'en commit plus.

Les assassins se cachèrent; mais la cupidité, plus audacieuse que jamais, eut un vaste champ pour exercer ses brigandages, à la faveur de la plus absolue impunité. On poursuivait avec rigueur, quelques agens de comités de surveillance soupçonnés, et coupables presque uniquement de l'ignorance des formes, où de vols de peu de conséquence; mais on fermait les yeux sur des dilapidations énormes qui se commettaient alors. Aussi vit-on tout-à-coup s'élever des fortunes colossales. Les riches, devinrent pauvres ; les laquais prirent la place des maîtres. De soi-disans honnêtes gens volaient la République avec une effronterie sans exemple. La justice se vendait publiquement. La liberté des hommes, la radiation de la liste des émigrés, étaient devenues un trafic honteux. Les plus grands crimes se rachetaient à prix d'argent. Le pauvre en pleurs, l'innocent couvert des haillons de la misère, les citoyens ruinés par les évènemens de la révolution, qui n'avaient pas d'argent pour dégager leurs biens du séquestre, n'éprouvaient que de la dureté et des rebuts. L'intrigue, la vénalité, disposaient des emplois les plus lucratifs et les plus importans. On passait les marchés les plus frauduleux à qui consentait à en partager le profit. Nos armées auparavant bien entretenues, manquèrent de tout. On répandait à pleines mains les richesses de l'état, ramassées avec tant de soin par le comité de Salut public. Il faut lui rendre cet hommage; il entendait l'art de gouverner beaucoup mieux que ses successeurs, fut fidèle à ses engagemens, et ménagea d'une manière louable les finances de la nation. Sous son règne, il n'y eut que quatre milliards en circulation, bien hypothéqués, et il laissa les caves de la trésorerie bondées d'or et d'argent. Après Thermidor notre numéraire disparut en peu de tems.

Les gouvernans foulaient aux pieds la bonne-foi. Dans leur rapport sur les finances, ils mentaient

mentaient audacieusement à la nation entière. La France, l'Europe, apprirent avec étonnement, qu'au mépris de la foi publique, des engagemens les plus sacrés, d'une loi solemnelle qui défendait de mettre des assignats en circulation sans un décret formel; 80 milliards furent distribués. Ce trait exécrable acheva la ruine de la fortune publique, et ruina tous les particuliers qui furent assez confians pour croire leurs législateurs honnêtes gens. Ainsi ceux qui, n'avaient jamais compté sur la révolution, ou qui n'ayant nulle foi dans la représentation nationale, avaient eu soin de conserver leurs écus et de ne pas recevoir l'assignat, se trouvèrent riches: ils furent recompensés et les amis de la révolution punis. L'agiotage le plus affreux completta nos malheurs, en achevant de dévorer nos ressources: et les gouvernans eux-mêmes, étaient les principaux agioteurs.

Tels sont les effets ordinaires du despotisme conventionnel. Tant qu'il dure, les factions ne font que se succéder. Tantôt, le crime, armé de l'autorité des lois, verse des fleuves de sang et se joue de la liberté des hommes; tantôt, poussant le cri de la vangeance, assez audacieux pour se couvrir du manteau de l'humanité, il attente encore à la liberté; et jonche la terre de cadavres. Ceux qui gouvernent, faute d'avoir une règle sûre, vont d'erremens en erremens. Jouets de leurs propres passions, ils sacrifient à leur haîne particulière, alors qu'ils ne croyent travailler que pour la patrie. Ils deviennent coupables, en croyant faire le bien. Leur puissance même les mène à leur perte; car il n'est pas possible qu'ils n'en abusent. Peuples assez courageux pour conquérir votre liberté! que l'exemple d'Athènes, de Rome, et, sur-tout, de la France, vous apprenne à ne jamais accorder, à quelques hommes, un pouvoir absolu! ou, si des circonstances singulières et imprévues vous forcent à cette mesure extrême, que ce ne soit que pour une courte durée de tems.

Je sais que le régime constitutionnel de la République Française a laissé se reproduire une partie des forfaits du régime conventionnel. Plus d'une année, après l'avoir établi, les lois ont été sans force. Des brigands, répandus par-tout, marchant sous la bannière de la royauté, volaient, pillaient, assassinaient encore. Ils massacraient impitoyablement et en plein jour, les citoyens notoirement connus pour républicains, les acquéreurs de biens nationaux, les défenseurs de la patrie. Ceux-ci, dans presque toutes les grandes communes, ne trouvaient de sûreté qu'en fuyant au loin, en s'exilant volontairement. Ces voleurs, ces égorgeurs, se disant honnêtes gens, trouvaient leurs protecteurs dans les magistrats même, dans des fonctionnaires complices de ces crimes. Une anarchie complète ensanglantait le midi de la France. Les généraux qui avaient sauvé la République, et conduit nos phalanges à la victoire, restaient toujours sans emplois, tandis que l'on voyait sur la scène, à la tête des affaires, des hommes inconnus, ou qui ne l'étaient que par leur incivisme et leur attachement au ci-devant roi. Par-tout les fonctions publiques n'étaient confiées qu'à ceux qui avaient fait preuve de haîne à la République. Pas plus de bonne-foi qu'auparavant. Toujours nul respect pour les engagemens les plus saints. Même versalité dans le système des lois; que dis-je, on s'attachait à rapporter toutes celles qu'avait inspiré l'esprit républicain, pour y substituer d'autres plus conformes aux préjugés monarchiques et religieux, ou dont le but direct était la ruine de la république. Tout s'achetait, tout se vendait; les affaires ne s'expédiaient qu'à prix d'argent. Les tribunaux se jouaient de la justice, de la liberté, de la vie des citoyens. Ils couvraient le crime d'un égide protecteur, quand il était commis en haîne de la révolution; ils vouaient la vertu à la mort si elle servait à la consolider. Enfin le royalisme, plus audacieux que jamais, n'avait plus besoin de se montrer sous les couleurs républicaines. C'était le poignard d'une main, et des lettres-de-cachet de l'autre, qu'il appelait à grands cris le despotisme royal; c'est-à-dire, les potences, les cachots, les galères pour les amis de la liberté; les droits féodaux, la noblesse, le mépris, l'avilissement pour la roture; le fanatisme des prêtres, les bûchers pour les juifs, pour les protestans, pour les déistes et pour tous les non-catholiques. Mais toutes ces horreurs n'ont eu lieu qu'à la suite du régime constitutionnel. C'étaient les restes des levains qui fermentaient encore.

Législateurs républicains, directeurs du peuple Français! au dix-huit Fructidor vous avez arraché le germe de la royauté qui jetait déjà de si nombreuses, de si profondes racines; vous avez puni les organisateurs de ce systême d'anarchie et de brigandage. Déjà les sicaires royaux sont forcés de cacher leurs poignards. Les infâmes magistrats, qui trahissaient effrontément les intérêts du peuple, sont obligés de déguiser leur atroce perfidie. On commence à ne plus rougir, à ne plus craindre de s'avouer républicain; mais vous avez encore une grande tâche à remplir. Ne laissez plus flotter, dans vos mains incertaines, les rênes de l'Etat, au gré des passions de vos alentours. Gouvernez avec justice, mais avec fermeté. Gouvernez par vous-mêmes, et n'abandonnez plus le sort de la France, au jeu de l'intrigue de vos flatteurs; que l'or, la bonne chère, les cajoleries et les femmes ne règlent plus nos destinées. Souvenez-vous que les royalistes, rampans, quand ils sont vaincus, soumis et caressans, sont ingrats et féroces, et se livrent aux plus cruelles vengeances, si-tôt qu'ils se croyent sûrs de la victoire. N'oubliez pas que c'est toujours par des riens, qu'ils commencent à renouer leur trame, et que la défaveur, qu'ils savent jeter sur les républicains, est la première arme qu'ils emploient. Attachez-vous, néanmoins, à faire chérir, par tous les Français, le gouvernement dont vous êtes les chefs. Qu'ils n'aient plus qu'un même desir, qu'un même sentiment, celui du bonheur commun. Faites qu'ils soient convaincus que leur intérêt est inséparable de l'intérêt de la république. Ne croyez pas qu'il soit impossible d'y réussir, ou qu'il faille des mesures bien difficiles. Vous les verrez tracées, en peu d'articles, dans les deux dernières parties de cet ouvrage. Je vais développer le grand secret de bien gouverner et le mettre à la portée des esprits les plus bornés.

O vous! qui aimez la liberté, et l'avez fui ensuite à la vue des dangers qui l'accompagnent, et qui semblent en faire, pour les misérables humains, un funeste présent; revenez de vos injustes préventions; cessez de regarder d'un œil d'inimitié ceux qui, plus courageux que vous, ont bravé ces dangers, et plus clairvoyans, ont parcouru, jusqu'à l'extrémité, la carrière au milieu de laquelle vous avez cru devoir vous arrêter. Ce n'est qu'à cette extrémité que la liberté a solidement établi son trône. Venez à nous; unissons nous ensemble, pour en ôter les ronces qui la déparent. Vous tous! qui aimez la république, et l'avez déchirée par vos divisions, que le voile de l'oubli s'étende sur vos fautes mutuelles! Quel est le Français qui, dans les scènes de la révolution, peut se vanter de n'avoir pas failli ? Ne revenons donc pas sur les fautes passées ; marchons droit au but, celui de la félicité commune, qui ne peut se trouver que dans l'affermissement de la république.

CHAPITRE XIV.

Réflexions sur le chapitre précédent.

LES terribles effets du despotisme conventionel, prouvent combien il est dangereux de confier, aux mêmes individus, la réunion de tous les pouvoirs, ou le pouvoir absolu. Quelques orages qui puissent s'élever dans un pays libre, c'est toujours une imprudence de vouloir les appaiser par ce moyen terrible. S'il n'en restait plus d'autre, ce qui n'arrive presque jamais quand des hommes habiles sont à la tête du gouvernement, il faudrait gémir d'être réduit à en venir là, et déployer la plus grande surveillance contre les magistrats qui seraient revêtus d'une telle puissance ; il faudrait ne pas tarder à les renouveler, quelque besoin que l'on aurait d'eux, et quelque serait le motif dont ils prétendraient appuyer la prolongation de leur autorité.

S'ils se rendent utiles d'abord, ils n'en

deviennent que plus à craindre dans la suite, par la confiance qu'ils inspirent ; car ils acquièrent en quelque sorte le droit de tout entreprendre, et personne n'ose réclamer contre des chefs si utiles, de peur de se rendre suspects.

L'essai qu'ils font d'un pouvoir si étendu, ne tarde pas à allumer en eux l'ambition, et à ouvrir leur cœur à toutes les tentations de la tyrannie. D'un côté, le plaisir si attrayant d'être l'idole de ses semblables ; de l'autre, la crainte d'encourir la vengeance de tous ceux qu'il a fallu froisser et punir pour le maintient de l'ordre : telle est la double cause qui les éloigne de rentrer dans la foule commune, et leur inspire d'en reculer toujours le fatal moment. Ils ne manquent point de prétextes plausibles pour conserver leur puissance. Au défaut de la persuasion, ils recourent à la force ; et l'intérêt public est le grand motif qu'ils font valoir, pour légitimer leur entreprise.

Ils s'occupent d'abord à augmenter le nombre de leurs partisans. On les voit commencer par se faire aimer, soit en se popularisant, soit en rendant service à l'État. Les citoyens dont ils ne peuvent se faire aimer, c'est par la terreur qu'ils veulent les réduire à se ranger de leur bord. Ils y réussissent en sévissant, non pas contre des individus coupables d'un délit précisé, mais en proscrivant en masse, à la faveur de dénominations vagues et odieuses. Ils ont soin de n'y comprendre d'abord, pour les punir, que des particuliers notoirement coupables dans l'opinion publique, ou universellement haïs. Les éloges, qu'ils reçoivent, leur servent comme de bouclier pour oser davantage. Ils tâtonnent ainsi le peuple, jusqu'à ce qu'ils soient parvenus à proscrire, sans risque, qui bon leur semble. Alors leur haîne ne connaît plus de mesure; ceux qui ont applaudi aux premières exécutions, deviennent victimes à leur tour, dès que l'intérêt du tyran l'exige. Insensés ! ils ne savent pas que quiconque, pour fraper l'innocent s'est écarté une fois des formes tutélaires de la justice, ne se fait bientôt nul scrupule de les violer toujours; qu'en lui aidant à être inique envers leurs concitoyens, ils lui fournissent des armes contre eux-mêmes; ils oublient cette maxime sainte, que les citoyens de tous les pays doivent avoir sans cesse présente à leur esprit, et défendre avec courage; *qu'il y a oppression contre le corps social, quand un seul de ses membres est opprimé.*

C'est sur-tout des proscriptions en masse, des mesures générales, que les ambitieux empruntent leurs moyens d'opprimer la liberté publique et individuelle; c'est par elles, qu'ils parviennent à semer la terreur et à courber toutes les têtes sous leur joug, tout odieux qu'il est. Rien ne prête plus à l'arbitraire. Elles leur donnent le double pouvoir de condamner ou d'absoudre à leur gré; en même-tems qu'ils dérobent aux yeux de la multitude, le motif secret de leur conduite, et le but caché vers lequel ils marchent. Les trente tyrans d'Athênes, pour conserver le pouvoir par la terreur, commencèrent leurs proscriptions par infliger le châtiment aux dénonciateurs, gens généralement haïs et méprisés. Tout le monde applaudit; mais, bientôt sous ce nom vague de dénonciateur, dont ils se donnèrent de garde de déterminer le sens, ils comprirent qui leur portait ombrage. Personne ne murmurait, ni n'osait prendre la défense de ces hommes regardés comme infâmes. Les trente tyrans affermirent ainsi leur pouvoir, au point de lever le masque, et de se montrer à découvert. Tous les citoyens, indistinctement, devinrent alors les victimes de leur cruelle ambition, sans qu'ils eussent besoin de recourir à des prétextes. A Rome, les décemvirs eurent l'adresse de commencer par proscrire arbitrairement les sénateurs et les nobles; ils furent applaudi par l'ordre des Plébéiens, qui détestait l'ordre de la noblesse. Quand ils n'eurent plus rien à craindre du sénat, et qu'ils se jugèrent assez forts pour tout entreprendre, les Plébéiens eurent leur tour; ils dépouillèrent et firent périr les riches, et vinrent enfin jusqu'à écraser les pauvres. Ainsi en agit Tarquin le superbe, le dernier roi des Romains. En France, avant le 9 Thermidor, 1794, le comité de Salut public débuta par proscrire les nobles, et d'autres citoyens, sous le mot vague d'aristocrate, et finit par exterminer les républicains eux-mêmes, de l'approbation desquels il s'était d'abord étayé. Après Thermidor, mais dans un sens inverse, le parti royaliste, à l'aide des noms de terroristes et de dénonciateurs, vint jusqu'à immoler les plus purs républicains.

Les dénominations infamantes ou odieuses, ne doivent donc jamais diriger dans l'application de la justice. Il ne faut établir de peine que pour tous les citoyens indistinctement, et non pour une classe particulière; ne sévir que contre des délits précisés, clairement déterminés par la loi. Ainsi on évite l'arbitraire, on échappe à l'oppression, avant que les oppresseurs ayent eu le tems de consolider leur tyrannie, à la faveur de la confiance et de l'erreur. Il faut surveiller les magistats suprêmes, qui essayent de s'écarter de cette règle, l'égide de la liberté, et ne jamais souffrir qu'ils cherchent le salut de l'État dans les proscriptions nominales; car, ou ils servent une faction, ou ils visent à la tyrannie; et, dans tous les cas, ils courent à la ruine de l'Etat. S'ils sont éclairés sur leurs devoirs, s'ils ont à cœur la justice et l'amour du bien public, ils n'auront jamais besoin de recourir à ces moyens, toujours injustes et contraires aux premiers principes de l'ordre social, dont l'effet est d'opprimer, d'écraser une partie de la nation pour sauver l'autre, de confondre l'innocent et le coupable, et de les frapper ensemble. Leur premier, le plus sacré de leur devoir, dans un pays libre, où règne l'égalité, c'est d'en protéger également tous les citoyens; de garantir à tous, ce que les droits sociaux leurs assurent; de séparer l'innocent du coupable, de défendre, de conserver l'un, et d'exterminer l'autre par le glaive vengeur des lois, sans acception de personne.

Le chapitre précédent montre encore combien se rapprochent, par leurs excès, le despotisme et l'anarchie. On y voit que la faiblesse du gouvernement conduit toujours à l'anarchie, comme une excessive sévérité mène au despotisme; que l'anarchie n'ensanglante les Etats, de ses crimes dévorans, que par l'incurie, l'ignorance, ou la perversité des magistrats chargés du maintient de l'ordre; et qu'il faut sévir contre ces magistrats, pour la comprimer, et rétablir la sécurité des personnes et des propriétés. On y voit aussi, que, dans un pays libre, les ambitieux ne deviennent tyrans, et ne parviennent à opprimer l'Etat, que par l'aveugle confiance qu'ils inspirent, par les forces militaires dont on les laisse disposer à leur gré.

Fin du premier volume.

AVIS.

On souscrit à Paris, chez **Hocart**, Libraire rue de la Harpe, n°. 20, vis-à-vis la rue Serpente. Les lettres et le prix des souscriptions doivent lui être adressés franc-de-port. Les souscripteurs sont invités à donner leur adresse avec exactitude en y joignant le nom de leur département.

On souscrit aussi chez les Citoyens **Girardin**, au Cabinet Littéraire, Jardin Egalité.

Coesnon-Pellerin, à l'Imprimerie de l'Ami de la Patrie, rue Nicaise, maison Crussol.

Desenne, libraire, palais Egalité, nos. 1 et 2.

Au Bureau du Journal *des Théophilantropes*, rue Nicaise, Maison ci-devant magasin de l'Opéra.

On peut aussi souscrire chez les principaux Libraires de l'Europe, et Maitres de Postes.

des latrines ; privés de leur société, et surtout de celle de cette foule de femmes célèbres et charmantes, qui par leur fermeté et la douceur de leurs entretiens, allégèrent leurs chaînes, ils ont encore la fatale perspective des meurtres du 2 septembre, dont les traces étaient imprimées sur les murs de cette maison.

Dans la nuit du 9 au 10 therm., le tocsin, la générale, semblaient annoncer une catastrophe aussi désastreuse ; les cachots fermés de bonne heure ajoutaient à ce triste pressentiment. Pendant deux fois, ils entendirent les portes mugir sur leurs gonds et se refermer avec un égal fracas. Le féroce Crépin, administrateur de police, attendait à la tête d'une troupe de scélérats, le signal du carnage. Robespierre est renversé, ce monstre et ses satellites restent interdits. Il n'a plus d'asyle que les cachots, dans lesquels, il n'y a qu'un instant, il croyait s'abreuver de sang. Les détenus instruits le repoussent. Lâche comme le crime, il pleure. C'est malgré lui dit-il, qu'il a été promu à la place de municipal. Vaines et tardives défaites, dont l'indignation générale se venge par le silence et le mépris.

www.ingramcontent.com/pod-product-compliance
Ingram Content Group UK Ltd.
Pitfield, Milton Keynes, MK11 3LW, UK
UKHW012024240726
13965UKWH00002B/566

9 782013 473583